Edgar Vatamanitsa
Yurii Tomka
Artem Karachevtsev

Receitas JAVA e NET para código eficiente com padrões de desenho

Edgar Vatamanitsa
Yurii Tomka
Artem Karachevtsev

Receitas JAVA e NET para código eficiente com padrões de desenho

Android e desenvolvimento web

ScienciaScripts

Imprint

Any brand names and product names mentioned in this book are subject to trademark, brand or patent protection and are trademarks or registered trademarks of their respective holders. The use of brand names, product names, common names, trade names, product descriptions etc. even without a particular marking in this work is in no way to be construed to mean that such names may be regarded as unrestricted in respect of trademark and brand protection legislation and could thus be used by anyone.

Cover image: www.ingimage.com

This book is a translation from the original published under ISBN 978-620-7-46499-9.

Publisher:
Sciencia Scripts
is a trademark of
Dodo Books Indian Ocean Ltd. and OmniScriptum S.R.L publishing group

120 High Road, East Finchley, London, N2 9ED, United Kingdom
Str. Armeneasca 28/1, office 1, Chisinau MD-2012, Republic of Moldova, Europe
Printed at: see last page
ISBN: 978-620-7-85360-1

Conteúdo

PADRÕES DE CONCEPÇÃO EM JAVA E OS SEUS PRÁTICA APLICAÇÕES EM ANDROID DESENVOLVIMENTO

Vatamanitsa E.V.
Karachevtsev A. O.

Introdução

Os padrões de conceção são soluções reutilizáveis para problemas comuns encontrados na conceção de software. Proporcionam uma abordagem estruturada para resolver problemas de conceção e promovem a reutilização, a manutenção e a escalabilidade do código. Introduzidos pelo "Gang of Four" (Erich Gamma, Richard Helm, Ralph Johnson e John Vlissides) no seu livro "Design Patterns: Elements of Reusable Object-Oriented Software", os padrões de conceção tornaram-se uma parte fundamental da engenharia de software.

Os padrões de desenho são classificados em três tipos principais:

1. *Padrões de criação:* Estes padrões lidam com mecanismos de criação de objectos, tentando criar objectos de uma forma adequada à situação. Ajudam a tornar um sistema independente da forma como os seus objectos são criados, compostos e representados. Exemplos incluem Singleton, Factory Method, Abstract Factory, Builder, Prototype, etc.

2. *Padrões estruturais:* Estes padrões lidam com a composição de objectos ou com a estrutura das classes. Ajudam a garantir que, se uma parte de um sistema for alterada, o sistema inteiro não precisa de o fazer. Exemplos incluem Adapter, Bridge, Composite, Decorator, Facade, Proxy, etc.

3. *Padrões comportamentais:* Estes padrões centram-se na comunicação entre objectos, encapsulando a forma como os objectos interagem. Ajudam a definir algoritmos e as suas relações. Exemplos incluem Observer, Command, Strategy, Iterator, Template Method, Visitor, etc.

Compreender e implementar padrões de conceção no seu processo de desenvolvimento de software pode trazer vários benefícios:

- *Reutilização*: Os padrões de conceção promovem a reutilização de soluções em diferentes projectos e contextos, reduzindo o tempo e o esforço de desenvolvimento.

- *Escalabilidade*: Proporcionam uma abordagem estruturada à conceção do software, facilitando a sua expansão e manutenção à medida que o projeto cresce.

- *Abstração*: Os padrões incentivam a abstração, permitindo que os programadores se concentrem no design de alto nível em vez de nos detalhes de implementação de baixo nível.

- *Flexibilidade*: Ao seguir padrões estabelecidos, os sistemas tornam-se mais flexíveis e adaptáveis à mudança, uma vez que são construídos com base em princípios arquitectónicos comprovados.

- *Linguagem comum*: Os padrões de conceção fornecem um vocabulário comum para os programadores comunicarem eficazmente conceitos de conceção complexos.

No entanto, é importante notar que os padrões de conceção devem ser utilizados de forma criteriosa. O uso excessivo de padrões pode levar a um código excessivamente complexo e prejudicar a legibilidade. É essencial entender o contexto do problema e aplicar o padrão apropriado quando necessário.

Os padrões mais difundidos, para além de exemplos clássicos que demonstram a ideia-chave, também têm alguns exemplos de aplicações reais do desenvolvimento Android.

1. Padrões de design criativo

1.1.Padrão Singleton

O padrão Singleton é uma classe que pode ser instanciada apenas uma vez, geralmente conseguida através da incorporação de um campo estático privado na classe que representa a própria classe. A classe também inclui um método estático, normalmente designado por *getInstance()*, utilizado para obter a única instância da classe. A instanciação do objeto referido pelo campo estático pode ocorrer durante a invocação inicial do método *getInstance()*. Para evitar múltiplas instanciações através do construtor, uma classe singleton típica tem um construtor privado, de modo a que a instanciação de novos objectos esteja disponível apenas dentro da própria classe.

A classe *Engine* é uma ilustração de uma classe singleton típica. Contém um campo estático privado Engine. Tem um construtor privado para que a classe não possa ser instanciada por outras classes. Tem um método *público estático Engine getInstance()* que devolve a única instância de *Engine*. Se a instância ainda não existir, o método *getInstance()* cria-a, e todas as futuras invocações de *getInstance()* devolverão o objeto que foi criado inicialmente. A classe *Engine* também tem dois métodos públicos *startEngine()* e *stopEngine()* para efeitos de demonstração.

```java
1. package edu.ataman.patterns.creational.singleton;
2.
3. public class Engine {
4.
5.    private static Engine engine = null;
6.
7.    private Engine() {
8.    }
9.
10.   public static Engine getInstance() {
11.      if (engine == null) {
12.         engine = new Engine();
13.      }
14.      return engine;
15.   }
16.
17.   public void startEngine() {
18.      System.out.println("Engine started");
19.   }
20.
21.   public void stopEngine() {
22.      System.out.println("Engine stopped");
23.   }
24. }
25.
```

A classe Main obtém um único objeto da classe Engine singleton chamando o método estático *Engine.getInstance()*. Para garantir que o objeto foi criado, são chamados os métodos *startEngine()* e *stopEngine()*. A execução da classe Main produz os resultados "Engine started" e "Engine stopped".

```java
1. package edu.ataman.patterns;
2.
3. import edu.ataman.patterns.creational.singleton.Engine;
4.
5. public class Main {
6.    public static void main(String[] args) {
7.       Engine engine = Engine.getInstance();
8.       engine.startEngine();
9.       engine.stopEngine();
10.   }
11. }
12.
```

Essa abordagem funciona perfeitamente apenas em ambientes de thread único, o que não é o caso do Java. Assim, se duas threads tentarem aceder ao objeto singleton no momento em que este ainda não foi criado, podem surgir duas instâncias diferentes. Para evitar esta situação, o nosso singleton deve ser ligeiramente modificado. Em primeiro lugar, a instância estática deve ser marcada como *volátil*. O próximo passo é adicionar "double-checked lock", o que resulta em duas verificações em null e a segunda verificação deve ser envolvida num bloco sincronizado. Desta forma, só sincronizamos uma vez, no início, durante a criação da instância. Esta abordagem aumenta drasticamente o desempenho em comparação com o método *sincronizado getInstance()*.

```
1. package edu.ataman.patterns.creational.singleton;
2.
3. public class Engine {
4.
5.    private volatile static Engine engine = null;
6.
7.    private Engine() {
8.    }

9.
10.    public static Engine getInstance() {
11.       if (engine == null) {
12.          synchronized (Engine.class) {
13.             if (engine == null) {
14.                engine = new Engine();
15.             }
16.          }
17.       }
18.       return engine;
19.    }
20.
21.    public void startEngine() {
22.       System.out.println("Engine started");
23.    }
24.
25.    public void stopEngine() {
26.       System.out.println("Engine stopped");
27.    }
28. }
29.
```

As classes singleton são uma forma útil de concentrar o acesso a recursos numa única instância de classe. Um bom exemplo desta abordagem pode ser o seguinte exemplo de desenvolvimento Android, em que o acesso às preferências partilhadas (classe que permite operações CRUD sobre um ficheiro xml) está concentrado no singleton *UserSharedPreferences*.

```
1. public class UserSharedPreferences {
2.
3.    private static UserSharedPreferences userPref = new UserSharedPreferences();
4.
5.    private static SharedPreferences sharedPreferences;
6.
7.    private static SharedPreferences.Editor editor;
8.
9.    private static final String KEY_USER_NAME = "user_name";
10.
11.   private static final String KEY_USER_AGE = "user_age";
12.
13.    private UserSharedPreferences() {
14.    }
15.
16.    public static UserSharedPreferences getInstance(Context context) {
17.      if (sharedPreferences == null) {
18.           sharedPreferences = context.getSharedPreferences(context.getPackageName(), Activity.MODE_PRIVATE);
19.           editor = sharedPreferences.edit();
20.      }
21.      return userPref;
22.    }
23.
24.    public void saveUserName(String name) {
25.      editor.putString(KEY_USER_NAME, name);
26.      editor.commit();
27.    }
28.
29.    public String getUserName() {
30.      return sharedPreferences.getString(KEY_USER_NAME, "");
31.    }
32.
33.    public void removeUserName() {
34.      editor.remove(KEY_USER_NAME);
35.      editor.commit();
36.    }
37.
38.    public void saveUserAge(int age) {
39.      editor.putInt(KEY_USER_AGE, age);
40.      editor.commit();
41.    }
42.
43.    public String getUserAge() {
44.      return sharedPreferences.getInt(KEY_USER_AGE, "");
45.    }
46.
47.    public void removeUserAge() {
48.      editor.remove(KEY_USER_AGE);
49.      editor.commit();
50.    }
51.
52.    public void clearAll() {
53.      editor.clear();
54.      editor.commit();
55.    }
56. }
```

1.2. Padrão de Fábrica (Padrão de Método de Fábrica)

O padrão de fábrica (o padrão de método de fábrica) é utilizado para encapsular o código de criação de objectos. Uma classe fábrica instancia e devolve um determinado tipo de objecto com base nos dados transmitidos à fábrica. Os diferentes tipos de objectos devolvidos por uma fábrica são normalmente subclasses de uma classe-mãe comum.

Os dados transmitidos do código de chamada para a fábrica podem ser transmitidos quando a fábrica é criada ou quando o método da fábrica é chamado para criar um objeto. Este método de criação é frequentemente designado por algo como *newInstance()*, *of()*, *makeSomething()*.

Como exemplo simples, vamos criar uma classe *CarFactory* que devolverá um objeto carro com base em alguns dados introduzidos. Para começar, aqui está uma classe abstrata *Carro*.

A fábrica devolverá uma subclasse instanciada de *Car*. *Car* tem dois métodos abstractos, *startEngine()* e *stopEngine()*.

```
1. package edu.ataman.patterns.creational.factory;
2.
3. public abstract class Car {
4.
5.    public abstract void startEngine();
6.
7.    public abstract void stopEngine();
8. }
```

As classes Coupe, Sedan e Suv são subclasses de Car. Estas implementam as funções *startEngine()* e *stopEngine()* para devolver mensagens específicas do tipo de automóvel.

Aplicação de cupões:

```
1. package edu.ataman.patterns.creational.factory;
2.
3. import edu.ataman.patterns.creational.factory.Car;
4.
5. public class Coupe extends Car {
6.
7.    @Override
8.    public void startEngine() {
9.      System.out.println("Coupe engine started.");
10.   }
11.
12.    @Override
13.    public void stopEngine() {
14.      System.out.println("Coupe engine stopped.");
15.   }
16. }
```

Implementação do sedan:

```
1. package edu.ataman.patterns.creational.factory;
2.
3. import edu.ataman.patterns.creational.factory.Car;
4.
5. public class Sedan extends Car {
6.
7.    @Override
8.    public void startEngine() {
9.       System.out.println("Sedan engine started.");
10.    }
11.
12.    @Override
13.    public void stopEngine() {
14.       System.out.println("Sedan engine stopped.");
15.    }
16. }
```

Implementação do Suv:

```
1. package edu.ataman.patterns.creational.factory;
2.
3. import edu.ataman.patterns.creational.factory.Car;
4.
5. public class Suv extends Car {
6.
7.    @Override
8.    public void startEngine() {
9.       System.out.println("Suv engine started.");
10.    }
11.
12.    @Override
13.    public void stopEngine() {
14.       System.out.println("Suv engine stopped.");
15.    }
16. }
```

Além disso, para ajudar a fábrica a distinguir os objectos, vamos criar um enum *CarType* com os tipos de automóveis.

```
1. package edu.ataman.patterns.creational.factory;
2.
3. public enum CarType {
4.    COUPE,
5.    SEDAN,
6.    SUV
7. }
```

Agora, está na altura de implementar a fábrica em si. Vamos chamar o método de criação de objectos da nossa fábrica *makeCar(CarType carType)*. Este método recebe um enum *CarType* como parâmetro e devolve a implementação correcta da classe *Car* com base no valor do parâmetro enum.

```java
1. package edu.ataman.patterns.creational.factory.method;
2.
3. import edu.ataman.patterns.creational.factory.*;
4.
5. public class CarFactory {
6.
7.    public Car makeCar(CarType carType) {
8.       switch (carType) {
9.          case COUPE -> {
10.             return new Coupe();
11.          }
12.          case SEDAN -> {
13.             return new Sedan();
14.          }
15.          case SUV -> {
16.             return new Suv();
17.          }
18.       }
19.       return new Sedan();
20.    }
21. }
```

A peça final do puzzle é a utilização do padrão de fábrica.

```java
1.    CarFactory carFactory = new CarFactory();
2.    Car coupe = carFactory.makeCar(CarType.COUPE);
3.    Car sedan = carFactory.makeCar(CarType.SEDAN);
4.    Car suv = carFactory.makeCar(CarType.SUV);
5.    List<Car> cars = new ArrayList<>();
6.    cars.add(coupe);
7.    cars.add(sedan);
8.    cars.add(suv);
9.    cars.forEach(car -> {
10.       car.startEngine();
11.       car.stopEngine();
12.    });
```

Repare que a fábrica encapsulou o nosso código de criação do objeto *Carro*, resultando assim num código limpo no local onde é utilizado. Além disso, observe o uso de *polimorfismo*. Obtemos diferentes objectos *Car* (*Coupe, Sedan, Suv*) com base no parâmetro passado para a fábrica.

Note que é comum passar dados que determinam o tipo de objeto a ser criado para a fábrica quando a fábrica é criada (através do construtor da fábrica). No entanto, se vários objectos estiverem a ser criados pela fábrica, pode fazer sentido passar estes dados para o método de criação da fábrica em vez de os passar para o construtor, uma vez que pode não fazer sentido criar um novo objeto de fábrica de cada vez que quisermos que a fábrica instancie um novo objeto.

Como exemplo mais prático, consideremos o seguinte. Vamos começar com a classe *MainActivity* que estende a classe *AppCompatActivity* que, no desenvolvimento Android, representa um ecrã que os utilizadores podem ver quando iniciam uma aplicação Android.

```
1. public class MainActivity extends AppCompatActivity {
2.
3.    @Inject
4.    DataManager dataManager;
5. //....
6. }
```

Claro que não é um pedaço de código completo, mas as coisas que estão relacionadas com o nosso tópico estão lá. Vamos olhar mais de perto para as linhas 3 e 4, aqui temos uma declaração de campo com a anotação *@Inject* que faz parte da biblioteca de injeção de dependências Dagger2. Essa biblioteca para satisfazer dependências, por baixo dos panos, usa um mecanismo chamado *geração de código*. A biblioteca Dagger2 para injetar o campo *dataManager* do tipo *DataManager* gera código na forma de fábricas. Antes de olhar para essas fábricas, vamos dar uma olhada rápida na classe *DataManager* em si.

```
1. @Singleton
2. public class DataManager {
3.
4.    private Context context;
5.    private DbHelper dbHelper;
6.    private SharedPrefsHelper sharedPrefsHelper;
7.
8.    @Inject
9.    public DataManager(@ApplicationContext Context context,
10.              DbHelper dbHelper,
11.              SharedPrefsHelper sharedPrefsHelper) {
12.       this.context = context;
13.       this.dbHelper = dbHelper;
14.       this.sharedPrefsHelper = sharedPrefsHelper;
15.    }
16. //...
17. }
```

Como podemos ver, *o* próprio *DataManager* depende de outras três decências (*Context*, *DbHelper*, *SharedPrefsHelper*) que também são injetadas e, para essas decências, o Dagger2 também gera fábricas que, no final, irão satisfazer todo o gráfico de dependências.

Fábrica gerada *pelo contexto*:

```
1. package ...;
2.
3. import android.content.Context;
4. import dagger.internal.Factory;
5. import dagger.internal.Preconditions;
6. import javax.annotation.Generated;
7.
8. @Generated(
9.    value = "dagger.internal.codegen.ComponentProcessor",
10.   comments = "https://google.github.io/dagger"
11. )
```

```
12.    public    final    class    ApplicationModule_ProvideContextFactory    implements
Factory<Context> {
13.   private final ApplicationModule module;
14.
15.   public ApplicationModule_ProvideContextFactory(ApplicationModule module) {
16.     this.module = module;
17.   }
18.
19.   @Override
20.   public Context get() {
21.    return Preconditions.checkNotNull(
22.         module.provideContext(), "Cannot return null from a non-@Nullable @Provides
method");
23.   }
24.
25.     public   static   ApplicationModule_ProvideContextFactory   create(ApplicationModule
module) {
26.    return new ApplicationModule_ProvideContextFactory(module);
27.   }
28.
29.   public static Context proxyProvideContext(ApplicationModule instance) {
30.    return Preconditions.checkNotNull(
31.         instance.provideContext(), "Cannot return null from a non-@Nullable @Provides
method");
32.   }
33. }
```

Fábrica *DbHelper*:

```
1. import android.content.Context;
2. import dagger.internal.Factory;
3. import javax.annotation.Generated;
4. import javax.inject.Provider;
5.
6. @Generated(
7.   value = "dagger.internal.codegen.ComponentProcessor",
8.   comments = "https://google.github.io/dagger"
9. )
10. public final class DbHelper_Factory implements Factory<DbHelper> {
11.   private final Provider<Context> contextProvider;
12.
13.   private final Provider<String> dbNameProvider;
14.
15.   private final Provider<Integer> versionProvider;
16.
17.   public DbHelper_Factory(
18.     Provider<Context> contextProvider,
19.     Provider<String> dbNameProvider,
20.     Provider<Integer> versionProvider) {
21.    this.contextProvider = contextProvider;
22.    this.dbNameProvider = dbNameProvider;
23.    this.versionProvider = versionProvider;
24.   }
25.
26.   @Override
27.   public DbHelper get() {
```

```
28.               return   new   DbHelper(contextProvider.get(),   dbNameProvider.get(),
versionProvider.get());
29. }
30.
31. public static DbHelper_Factory create(
32.     Provider<Context> contextProvider,
33.     Provider<String> dbNameProvider,
34.     Provider<Integer> versionProvider) {
35.   return new DbHelper_Factory(contextProvider, dbNameProvider, versionProvider);
36. }
37. }
```

Fábrica gerada por *SharedPrefsHelper*:

```
1. import android.content.SharedPreferences;
2. import dagger.internal.Factory;
3. import javax.annotation.Generated;
4. import javax.inject.Provider;
5.
6. @Generated(
7.   value = "dagger.internal.codegen.ComponentProcessor",
8.   comments = "https://google.github.io/dagger"
9. )
10. public final class SharedPrefsHelper_Factory implements Factory<SharedPrefsHelper> {
11.   private final Provider<SharedPreferences> sharedPreferencesProvider;
12.
13.              public       SharedPrefsHelper_Factory(Provider<SharedPreferences>
sharedPreferencesProvider) {
14.     this.sharedPreferencesProvider = sharedPreferencesProvider;
15. }
16.
17. @Override
18. public SharedPrefsHelper get() {
19.   return new SharedPrefsHelper(sharedPreferencesProvider.get());
20. }
21.
22. public static SharedPrefsHelper_Factory create(
23.     Provider<SharedPreferences> sharedPreferencesProvider) {
24.   return new SharedPrefsHelper_Factory(sharedPreferencesProvider);
25. }
26. }
```

Fábrica gerada pelo DataManager:

```
1. import android.content.Context;
2. import dagger.internal.Factory;
3. import javax.annotation.Generated;
4. import javax.inject.Provider;
5.
6. @Generated(
7.   value = "dagger.internal.codegen.ComponentProcessor",
8.   comments = "https://google.github.io/dagger"
9. )
10. public final class DataManager_Factory implements Factory<DataManager> {
11.   private final Provider<Context> contextProvider;
12.
```

```
13.  private final Provider<DbHelper> dbHelperProvider;
14.
15.  private final Provider<SharedPrefsHelper> sharedPrefsHelperProvider;
16.
17.  public DataManager_Factory(
18.     Provider<Context> contextProvider,
19.     Provider<DbHelper> dbHelperProvider,
20.     Provider<SharedPrefsHelper> sharedPrefsHelperProvider) {
21.    this.contextProvider = contextProvider;
22.    this.dbHelperProvider = dbHelperProvider;
23.    this.sharedPrefsHelperProvider = sharedPrefsHelperProvider;
24.  }
25.
26.  @Override
27.  public DataManager get() {
28.    return new DataManager(
29.       contextProvider.get(), dbHelperProvider.get(), sharedPrefsHelperProvider.get());
30.  }
31.
32.  public static DataManager_Factory create(
33.     Provider<Context> contextProvider,
34.     Provider<DbHelper> dbHelperProvider,
35.     Provider<SharedPrefsHelper> sharedPrefsHelperProvider) {
36.            return new DataManager_Factory(contextProvider, dbHelperProvider, sharedPrefsHelperProvider);
37.  }
38. }
```

Assim, como podemos ver com o surgimento da técnica de injeção de dependências, a criação de fábricas é automatizada pela geração de código em vez de ser escrita manualmente pelos programadores.

1.3. Padrão de Fábrica Abstrato

Uma fábrica abstrata é uma fábrica que devolve fábricas. Porque é que esta camada de abstração é útil? Uma fábrica normal pode ser utilizada para criar conjuntos de objectos relacionados. Uma fábrica abstrata devolve fábricas. Assim, uma fábrica abstrata é utilizada para devolver fábricas que podem ser utilizadas para criar conjuntos de objectos relacionados.

Como exemplo, podemos considerar uma *CarFactory* que devolve automóveis de consumo como um sedan coupé e um SUV. Também consideramos uma *TruckFactory* que devolve carros industriais como camião basculante, camião de reboque, camião betoneira. Podemos criar uma fábrica abstrata que devolva estes diferentes tipos de fábricas de automóveis, dependendo do automóvel em que estamos interessados. Poderíamos então obter objectos de automóveis a partir das fábricas. Através do polimorfismo, podemos utilizar uma interface comum para obter as diferentes fábricas, e podemos depois utilizar uma interface comum para obter os diferentes automóveis.

O nosso *TransportFactory* devolverá um *CarFactory* ou um *TruckFactory* através do tipo de retorno *CarTypeFactory*. *CarFactory* e *TruckFactory* são subclasses de *CarTypeFactory*.

```
1. package edu.ataman.patterns.creational.factory.abs;
2.
3. import edu.ataman.patterns.creational.factory.CarTypeFactory;
4. import edu.ataman.patterns.creational.factory.method.CarFactory;
5.
6. public class TransportFactory {
7.
8.    public CarTypeFactory makeCarFactory(CarTypeFactoryType carTypeFactoryType) {
9.      switch (carTypeFactoryType) {
10.        case CONSUMER_CAR -> {
11.          return new CarFactory();
12.        }
13.        case INDUSTRY_CAR -> {
14.          return new TruckFactory();
15.        }
16.      }
17.      return new CarFactory();
18.    }
19. }
```

CarTypeFactoryType é um enum que ajuda a *TransportFactory* a distinguir
as fábricas de automóveis.

```
1. package edu.ataman.patterns.creational.factory.abs;
2.
3. public enum CarTypeFactoryType {
4.    CONSUMER_CAR,
5.    INDUSTRY_CAR
6. }
```

CarTypeFactory é uma classe abstrata com o método abstrato *makeCar()*.
Este método devolve um objeto Car. O polimorfismo de *TransportFactory* é
conseguido porque o seu método *makeCarFactory() devolve* um
CarTypeFactory, independentemente da classe subjacente. Este polimorfismo
também poderia ser conseguido através de uma interface em vez de uma
classe abstrata.

```
1. package edu.ataman.patterns.creational.factory;
2.
3. public abstract class CarTypeFactory {
4.
5.    public abstract Car makeCar(CarType carType);
6. }
```

Implementação *de CarFactory*:

```
1. package edu.ataman.patterns.creational.factory.method;
2.
3. import edu.ataman.patterns.creational.factory.*;
4.
5. public class CarFactory extends CarTypeFactory {
6.
7.    @Override
8.    public Car makeCar(CarType carType) {
9.       switch (carType) {
10.         case COUPE -> {
11.            return new Coupe();
12.         }
13.         case SEDAN -> {
14.            return new Sedan();
15.         }
16.         case SUV -> {
17.            return new Suv();
18.         }
19.      }
20.      return new Sedan();
21.   }
22. }
```

Implementação da *TruckFactory*:

```
1. package edu.ataman.patterns.creational.factory.abs;
2.
3. import edu.ataman.patterns.creational.factory.Car;
4. import edu.ataman.patterns.creational.factory.CarType;
5. import edu.ataman.patterns.creational.factory.CarTypeFactory;
6.
7. public class TruckFactory extends CarTypeFactory {
8.
9.    @Override
10.   public Car makeCar(CarType carType) {
11.      switch (carType) {
12.         case DUMP_TRUCK -> {
13.            return new DumpTruck();
14.         }
15.         case TOW_TRUCK -> {
16.            return new TowTruck();
17.         }
18.         case CONCRETE_MIXER_TRUCK -> {
19.            return new ConcreteMixerTruck();
20.         }
21.      }
22.      return new DumpTruck();
23.   }
24. }
```

As implementações das classes *Coupe*, *Sedan* e *Suv* da classe *Car*
permanecem as mesmas que na secção Factory. Os camiões *basculantes,
camiões-reboque e camiões-betoneira têm* o seguinte aspeto:
Implementação do *camião basculante*:

```java
1. package edu.ataman.patterns.creational.factory.abs;
2.
3. import edu.ataman.patterns.creational.factory.Car;
4.
5. public class DumpTruck extends Car {
6.
7.    @Override
8.    public void startEngine() {
9.       System.out.println("Dump truck engine started.");
10.    }
11.
12.    @Override
13.    public void stopEngine() {
14.       System.out.println("Dump truck engine stopped.");
15.    }
16. }
17.
```

Implementação do *reboque*:

```java
1. package edu.ataman.patterns.creational.factory.abs;
2.
3. import edu.ataman.patterns.creational.factory.Car;
4.
5. public class TowTruck extends Car {
6.
7.    @Override
8.    public void startEngine() {
9.       System.out.println("Tow truck engine started.");
10.    }
11.
12.    @Override
13.    public void stopEngine() {
14.       System.out.println("Tow truck engine stopped.");
15.    }
16. }
17.
```

Implementação de *ConcreteMixerTruck*:

```java
1. package edu.ataman.patterns.creational.factory.abs;
2.
3. import edu.ataman.patterns.creational.factory.Car;
4.
5. public class ConcreteMixerTruck extends Car {
6.
7.    @Override

8.    public void startEngine() {
9.       System.out.println("Concrete mixer truck engine started.");
10.    }
11.
12.    @Override
13.    public void stopEngine() {
14.       System.out.println("Concrete mixer truck engine stopped.");
15.    }
16. }
17.
```

Para ligar tudo, tomemos em consideração o exemplo seguinte. Este cria um objeto *TransportFactory*. A partir de *TransportFactory*, obtemos um *CarTypeFactory* (uma *CarFactory*) e obtemos três objectos *Car* (*Coupe*,

Sedan e *Suv*) a partir de CarTypeFactory. Depois disto, obtemos outro objeto CarTypeFactory (uma TruckFactory) e depois obter mais três objectos Car (*DumpTruck, TowTruck, ConcreteMixerTruck*).

```
1.      TransportFactory transportFactory = new TransportFactory();
2.      CarTypeFactory consumerCarFactory = transportFactory.makeCarFactory(CarTypeFactoryType.CONSUMER_CAR);
3.      CarTypeFactory industryCarFactory = transportFactory.makeCarFactory(CarTypeFactoryType.INDUSTRY_CAR);
4.      Car coupe = consumerCarFactory.makeCar(CarType.COUPE);
5.      Car sedan = consumerCarFactory.makeCar(CarType.SEDAN);
6.      Car suv = consumerCarFactory.makeCar(CarType.SUV);
7.      Car dumpTruck = industryCarFactory.makeCar(CarType.DUMP_TRUCK);
8.      Car towTruck = industryCarFactory.makeCar(CarType.TOW_TRUCK);
9.      Car concreteMixerTruck = industryCarFactory.makeCar(CarType.CONCRETE_MIXER_TRUCK);
10.     List<Car> cars = new ArrayList<>();
11.     cars.add(coupe);
12.     cars.add(sedan);
13.     cars.add(suv);
14.     cars.add(dumpTruck);
15.     cars.add(towTruck);
16.     cars.add(concreteMixerTruck);
17.     cars.forEach(car -> {
18.       car.startEngine();
19.       car.stopEngine();
20.     });
21.
```

Repare na utilização do polimorfismo. Obtemos diferentes fábricas através da superclasse comum *CarTypeFactory*. Também obtemos carros diferentes através da superclasse comum *Car*.

1.4. Padrão de construção

O padrão Builder foi introduzido para resolver alguns dos problemas dos padrões de desenho Factory e Abstract Factory quando o Objeto contém muitos atributos. Existem três problemas principais com os padrões de desenho Factory e Abstract Factory quando o Objeto contém muitos atributos.

1. Demasiados argumentos para passar do programa cliente para a classe Factory podem ser propensos a erros porque, na maioria das vezes, o tipo de argumentos é o mesmo e, do lado do cliente, é difícil manter a ordem dos argumentos.

2. Alguns dos parâmetros podem ser opcionais mas, no padrão Factory, somos obrigados a enviar todos os parâmetros e os parâmetros opcionais têm de ser enviados como NULL.

3. Se o objeto for pesado e a sua criação for complexa, então toda essa complexidade fará parte de classes Factory confusas.

Podemos resolver os problemas com muitos parâmetros fornecendo um construtor com os parâmetros necessários e, em seguida, diferentes métodos setter para definir os parâmetros opcionais. O problema com essa abordagem é que o estado do objeto será inconsistente, a menos que todos os atributos sejam definidos explicitamente. O padrão Builder resolve o problema com muitos parâmetros opcionais e estado inconsistente, fornecendo uma maneira de construir o objeto passo a passo e fornecer um método que retornará o objeto final.

Vamos ver uma das implementações do padrão de design builder.

1. Em primeiro lugar, é necessário criar uma classe aninhada estática e, em seguida, copiar todos os argumentos da classe externa para a classe Builder. Devemos seguir a convenção de nomenclatura e se o nome da classe for *CarOptions*, então a classe Builder deve ser nomeada como *CarOptionsBuilder*.

2. A classe Java Builder deve ter um construtor público com todos os atributos necessários como parâmetros.

3. A classe Builder de Java deve ter métodos para definir os parâmetros opcionais e deve devolver o mesmo objeto Builder depois de definir o atributo opcional.

4. O passo final é fornecer um método build() na classe builder que devolverá o objeto necessário ao programa cliente. Para isso, precisamos de ter um construtor privado na classe com a classe Builder como argumento.

Aqui está o código de exemplo do padrão builder onde temos uma classe *CarOptions* e uma classe *CarOptionsBuilder* para a construir.

```java
1. package edu.ataman.patterns.creational.builder;
2.
3. public class CarOptions {
4.
5.    private final Boolean sunroof;
6.
7.    private final Boolean alloyWheels;
8.
9.    private final Boolean cruiseControl;
10.
11.    private final Boolean electricSeats;
12.
13.    private final Boolean heatedSeats;
14.
15.    private final Boolean ventilatedSeats;
16.
17.    private CarOptions(CarOptionsBuilder builder) {
18.       this.sunroof = builder.sunroof;
19.       this.alloyWheels = builder.alloyWheels;
20.       this.cruiseControl = builder.cruiseControl;
21.       this.electricSeats = builder.electricSeats;
22.       this.heatedSeats = builder.heatedSeats;
23.       this.ventilatedSeats = builder.ventilatedSeats;
24.    }
25.
26.    @Override
27.    public String toString() {
28.       return "CarOptions{" +
29.            "sunroof=" + sunroof +
30.            ", alloyWheels=" + alloyWheels +
31.            ", cruiseControl=" + cruiseControl +
32.            ", electricSeats=" + electricSeats +
33.            ", heatedSeats=" + heatedSeats +
34.            ", ventilatedSeats=" + ventilatedSeats +
35.            '}';
36.    }
37.
38.    public static class CarOptionsBuilder {
39.
```

```java
40.        private boolean sunroof;
41.
42.        private boolean alloyWheels;
43.
44.        private boolean cruiseControl;
45.
46.        private boolean electricSeats;
47.
48.        private boolean heatedSeats;
49.
50.        private boolean ventilatedSeats;
51.
52.        public CarOptionsBuilder() {}
53.
54.        public CarOptionsBuilder setSunroof(Boolean sunroof) {
55.            this.sunroof = sunroof;
56.            return this;
57.        }
58.
59.        public CarOptionsBuilder setAlloyWheels(Boolean alloyWheels) {
60.            this.alloyWheels = alloyWheels;
61.            return this;
62.        }
63.
64.        public CarOptionsBuilder setCruiseControl(Boolean cruiseControl) {
65.            this.cruiseControl = cruiseControl;
66.            return this;
67.        }
68.
69.        public CarOptionsBuilder setElectricSeats(Boolean electricSeats) {
70.            this.electricSeats = electricSeats;
71.            return this;
72.        }
73.
74.        public CarOptionsBuilder setHeatedSeats(Boolean heatedSeats) {
75.            this.heatedSeats = heatedSeats;
76.            return this;
77.        }
78.
79.        public CarOptionsBuilder setVentilatedSeats(Boolean ventilatedSeats) {
80.            this.ventilatedSeats = ventilatedSeats;
81.            return this;
82.        }
83.
84.        public CarOptions build() {
85.            return new CarOptions(this);
86.        }
87.    }
88. }
```

Repare que a classe *CarOptions* só tem o método toString() e não tem um construtor público. Assim, a única forma de obter um objeto Computer é através do método

Classe *CarOptionsBuilder*. Aqui está um exemplo de programa de teste de padrão builder que mostra como utilizar a classe Builder para obter o objeto.

```
1. CarOptions carOptions = new CarOptions.CarOptionsBuilder()
2.          .setAlloyWheels(false)
3.          .setVentilatedSeats(true)
4.          .setElectricSeats(true)
5.          .setHeatedSeats(true)
6.          .setSunroof(false)
7.          .setCruiseControl(true)
8.          .build();
9. System.out.println(carOptions.toString());
```

Note-se que a ordem dos parâmetros é indiferente, e mais ainda, alguns deles podem ser omitidos e, nesse caso, o valor da opção será **falso**.

O padrão builder é amplamente utilizado no desenvolvimento Android. Vamos ver alguns exemplos de aplicação real do padrão. Vamos começar com a biblioteca okhttp que representa um cliente http e ajuda a fazer requisições http.

```
1. Request request = new Request.Builder()
2.     .url(url)
3.     .post(body)
4.     .build();
5.
```

Outro exemplo bem conhecido é a construção do *AlertDialog*.

```
1.  AlertDialog alertDialog = MaterialAlertDialogBuilder(context)
2.      .setTitle(resources.getString(R.string.title))
3.      .setMessage(resources.getString(R.string.supporting_text))
4.      .setNegativeButton(resources.getString(R.string.decline), { dialog, which ->
5.          // Respond to negative button press
6.      })
7.      .setPositiveButton(resources.getString(R.string.accept), { dialog, which ->
8.          // Respond to positive button press
9.      })
10.     .create()
```

1.5. Padrão de protótipo

No padrão de protótipo, um novo objeto é criado através da clonagem de um objeto existente. Em Java, o método clone() é uma implementação desse padrão de projeto. O padrão de protótipo pode ser uma maneira útil de criar cópias de objetos. Um exemplo é quando a criação do objeto original envolve um compromisso de tempo significativo, como a leitura de dados de uma base de dados ou através de uma rede. Para isso, criaremos uma interface Prototype que possui um método doClone().

```
1. package edu.ataman.patterns.creational.prototype;
2.
3. public interface Prototype {
4.     Prototype doClone();
5. }
```

A classe *Droid* implementa o método *doClone()*. Este método cria um novo objeto *Droid* e clona o campo name. Devolve o novo objeto *Droid* clonado.

```
1. package edu.ataman.patterns.creational.prototype;
2.
3. import java.util.Objects;
4.
5. public class Droid implements Prototype {
6.
7.    private final String name;
8.
9.    private final int firmwareVersion;
10.
11.    public Droid(String name, int firmwareVersion) {
12.       this.name = name;
13.       this.firmwareVersion = firmwareVersion;
14.    }
15.
16.    @Override
17.    public boolean equals(Object o) {
18.       if (this == o) return true;
19.       if (o == null || getClass() != o.getClass()) return false;
20.       Droid droid = (Droid) o;
21.          return firmwareVersion == droid.firmwareVersion && Objects.equals(name, droid.name);
22.    }
23.
24.    @Override
25.    public int hashCode() {
26.       return Objects.hash(name, firmwareVersion);
27.    }
28.
29.    @Override
30.    public Prototype doClone() {
31.       return new Droid(name, firmwareVersion);
32.    }
33. }
```

O exemplo de utilização cria um objeto Droid e, em seguida, clona-o para um segundo objeto Droid.

```
1.    Droid c3po = new Droid("C3PO", 324234);
2.    Droid c3poClone = (Droid) c3po.doClone();
3.    if (c3po != c3poClone) {
4.       System.out.println("Objects are not the same! Yeah!");
5.    }
6.    if (c3po.equals(c3poClone)) {
7.       System.out.println("Objects are identical! Yeah!");
8.    }
9.
```

Além disso, o exemplo mostra que as referências aos objectos são diferentes, mas o conteúdo é o mesmo.

2. Padrões de design estrutural

2.1. Padrão de adaptador

No padrão adaptador, uma classe envolvente (ou seja, o adaptador) é usada para traduzir pedidos dela para outra classe (ou seja, o adaptador). De facto, um adaptador fornece interacções específicas com um adaptador que não são oferecidas diretamente pelo adaptador.

O padrão de adaptador assume duas formas. Na primeira forma, um "adaptador de classe" utiliza a herança. O adaptador de classe estende a classe adaptada e adiciona os métodos desejados ao adaptador. Esses métodos podem ser declarados em uma interface (ou seja, a interface "alvo"). Na segunda forma, um "adaptador de objeto" utiliza a composição. O adaptador de objectos contém um adaptador e implementa a interface de destino para interagir com o adaptador.

Agora vamos ver exemplos simples de um adaptador de classe e de um adaptador de objeto. Primeiro, temos uma classe de adaptação chamada *CelciusReporter*. Esta classe armazena um valor de temperatura em Celcius.

```
1. public class CelciusReporter {
2.
3.  double temperatureInC;
4.
5.  public CelciusReporter() {
6.  }
7.
8.  public double getTemperature() {
9.          return temperatureInC;
10. }
11.
12. public void setTemperature(double temperatureInC) {
13.         this.temperatureInC = temperatureInC;
14. }
15.
16. }
17.
```

Aqui está a nossa interface de destino que será implementada pelo nosso adaptador. Define as acções que o nosso adaptador irá executar.

```
1. public interface TemperatureInfo {
2.

3.  public double getTemperatureInF();
4.
5.  public void setTemperatureInF(double temperatureInF);
6.
7.  public double getTemperatureInC();
8.
9.  public void setTemperatureInC(double temperatureInC);
10.
11. }
12.
```

TemperatureClassReporter é um adaptador de classe. Ele estende *CelciusReporter* (o adaptador) e implementa *TemperatureInfo* (a interface de destino). Se uma temperatura estiver em Celcius, o *TemperatureClassReporter* utiliza o valor temperatureInC do CelciusReporter. Os pedidos em Fahrenheit são tratados internamente em Celcius.

```
1. // example of a class adapter
2.  public   class   TemperatureClassReporter   extends   CelciusReporter   implements
TemperatureInfo {
3.
4.  @Override
5.  public double getTemperatureInC() {
6.          return temperatureInC;
7.  }
8.
9.  @Override
10. public double getTemperatureInF() {
11.         return cToF(temperatureInC);
12. }
13.
14. @Override
15. public void setTemperatureInC(double temperatureInC) {
16.         this.temperatureInC = temperatureInC;
17. }
18.
19. @Override
20. public void setTemperatureInF(double temperatureInF) {
21.         this.temperatureInC = fToC(temperatureInF);
22. }
23.
24. private double fToC(double f) {
25.         return ((f - 32) * 5 / 9);
26. }
27.
28. private double cToF(double c) {
29.         return ((c * 9 / 5) + 32);
30. }
31.
32. }
33.
```

TemperatureObjectReporter é um adaptador de objectos. A sua funcionalidade é semelhante à do *TemperatureClassReporter*, exceto que utiliza a composição para o *CelciusReporter* em vez da herança

```
1. // example of an object adapter
2. public class TemperatureObjectReporter implements TemperatureInfo {
3.
4.   CelciusReporter celciusReporter;
5.
6.   public TemperatureObjectReporter() {
7.           celciusReporter = new CelciusReporter();
8.   }
9.
10. @Override
11. public double getTemperatureInC() {
12.           return celciusReporter.getTemperature();
13. }
14.
15. @Override
16. public double getTemperatureInF() {
17.           return cToF(celciusReporter.getTemperature());
18. }
19.
20. @Override
21. public void setTemperatureInC(double temperatureInC) {
22.           celciusReporter.setTemperature(temperatureInC);
23. }
24.
25. @Override
26. public void setTemperatureInF(double temperatureInF) {
27.           celciusReporter.setTemperature(fToC(temperatureInF));
28. }
29.
30. private double fToC(double f) {
31.           return ((f - 32) * 5 / 9);
32. }
33.
34. private double cToF(double c) {
35.           return ((c * 9 / 5) + 32);
36. }
37.
38. }
39.
```

O trecho de código a seguir demonstra o uso do padrão de adaptador.
Primeiro, cria um objeto *TemperatureClassReporter* e referencia-o através de
uma referência *TemperatureInfo*. Ele demonstra chamadas para o adaptador
de classe através da interface *TemperatureInfo*. Depois disso, ele cria um
objeto
objeto *TemperatureObjectReporter* e referencia-o através da mesma
referência *TemperatureInfo*. Em seguida, demonstra chamadas para o
adaptador de objectos.

```
1.      // class adapter
2.      System.out.println("class adapter test");
3.      TemperatureInfo tempInfo = new TemperatureClassReporter();
4.      tempInfo.setTemperatureInC(0);
5.      System.out.println("temp in C:" + tempInfo.getTemperatureInC());
6.      System.out.println("temp in F:" + tempInfo.getTemperatureInF());
7.
8.
9.      // object adapter
10.     System.out.println("\nobject adapter test");
11.     tempInfo = new TemperatureObjectReporter();
12.     tempInfo.setTemperatureInC(0);
13.     System.out.println("temp in C:" + tempInfo.getTemperatureInC());
14.     System.out.println("temp in F:" + tempInfo.getTemperatureInF());
15.
```

2.2. Padrão composto

O padrão composto é um padrão de design estrutural. No padrão composto, existe uma estrutura em árvore onde operações idênticas podem ser executadas em folhas e nós. Um nó em uma árvore é uma classe que pode ter filhos. Uma classe de nó é uma classe "composta". Uma folha numa árvore é uma classe "primitiva" que não tem filhos. Os filhos de uma classe composta podem ser folhas ou outras classes compostas.

A classe folha e a classe composta partilham uma interface "componente" comum que define as operações comuns que podem ser executadas em folhas e compostos. Quando uma operação em um composto é executada, essa operação é executada em todos os filhos do composto, sejam eles folhas ou compostos. Assim, o padrão composto pode ser utilizado para efetuar operações comuns nos objectos que compõem uma árvore.

Em Java, faz mais sentido definir as operações comuns leaf/composite numa interface *Component*, mas colocar as operações add/remove/get composite numa interface separada ou simplesmente implementá-las na classe composite.

Agora vamos ver um exemplo do padrão composto. Primeiro, vamos declarar uma interface *Component* que declara as operações que são comuns para a classe composta e a classe folha. Isso nos permite realizar operações em composites e leaves usando uma interface padrão.

```
1. public interface Component {
2.
3.   public void sayHello();
4.
5.   public void sayGoodbye();
6.
7. }
```

A classe Folha tem um campo de nome e implementa os métodos *sayHello()* e *sayGoodbye()* da interface Componente, enviando mensagens para a saída padrão.

```
1. public class Leaf implements Component {
2.
3.  String name;
4.
5.  public Leaf(String name) {
6.              this.name = name;
7.  }
8.
9.  @Override
10. public void sayHello() {
11.             System.out.println(name + " leaf says hello");
12. }
13.
14. @Override
15. public void sayGoodbye() {
16.             System.out.println(name + " leaf says goodbye");
17. }
18.
19. }
```

A classe *Composite* implementa a interface *Component*. Implementa os métodos *sayHello()* e *sayGoodbye() chamando* esses mesmos métodos a todos os seus filhos, que são Componentes (uma vez que podem ser tanto objectos *Folha* como objectos *Composto*, que implementam a interface *Componente*).

```
1. public class Composite implements Component {
2.
3.  List<Component> components = new ArrayList<Component>();
4.

5.  @Override
6.  public void sayHello() {
7.              for (Component component : components) {
8.                      component.sayHello();
9.              }
10. }
11.
12. @Override
13. public void sayGoodbye() {
14.             for (Component component : components) {
15.                     component.sayGoodbye();
16.             }
17. }
18.
19. public void add(Component component) {
20.             components.add(component);
21. }
22.
23. public void remove(Component component) {
24.             components.remove(component);
25. }
26.
27. public List<Component> getComponents() {
28.             return components;
29. }
30.
31. public Component getComponent(int index) {
32.             return components.get(index);
33. }
34.
35. }
```

O trecho de código que demonstra o padrão composto. Ele cria 5
Objectos *folha*. Adiciona dois destes dois a um objeto *Composto* e dois destes
a
outro objeto *composto*. Acrescenta estes dois objectos *compostos* e o último
objeto Folha para outro objeto *Composto*. Chama *sayHello()* em leaf1, depois
sayHello() em composite1, depois *sayHello()* em composite2, e depois
sayGoodbye() em composite3.

```
1.      Leaf leaf1 = new Leaf("Bob");
2.      Leaf leaf2 = new Leaf("Fred");
3.      Leaf leaf3 = new Leaf("Sue");
4.      Leaf leaf4 = new Leaf("Ellen");
5.      Leaf leaf5 = new Leaf("Joe");
6.
7.      Composite composite1 = new Composite();
8.      composite1.add(leaf1);
9.      composite1.add(leaf2);
10.
11.     Composite composite2 = new Composite();
12.     composite2.add(leaf3);

13.     composite2.add(leaf4);
14.
15.     Composite composite3 = new Composite();
16.     composite3.add(composite1);
17.     composite3.add(composite2);
18.     composite3.add(leaf5);
19.
20.     System.out.println("Calling 'sayHello' on leaf1");
21.     leaf1.sayHello();
22.
23.     System.out.println("\nCalling 'sayHello' on composite1");
24.     composite1.sayHello();
25.
26.     System.out.println("\nCalling 'sayHello' on composite2");
27.     composite2.sayHello();
28.
29.     System.out.println("\nCalling 'sayGoodbye' on composite3");
30.     composite3.sayGoodbye();
31.
```

2.3.Padrão de proxy

O padrão proxy é um padrão de design estrutural. No padrão proxy, uma
classe proxy é utilizada para controlar o acesso a outra classe. As razões para
este controlo podem variar. Por exemplo, um proxy pode evitar a
instanciação de um objeto até que o objeto seja necessário. Isto pode ser útil
se o objeto exigir muito tempo ou recursos para ser criado. Outra razão para
utilizar um proxy é controlar os direitos de acesso a um objeto. Um pedido de
cliente pode exigir determinadas credenciais para aceder ao objeto.
Agora, veremos um exemplo do padrão proxy. Primeiro, criaremos uma
classe abstrata chamada Thing com uma mensagem básica *sayHello()* que
inclui a data/hora em que a mensagem é exibida.

```
1. public abstract class Thing {
2.
3.   public void sayHello() {
4.           System.out.println(this.getClass().getSimpleName() + " says howdy at " + new
Date());
5.   }
6.
7. }
```

FastThing é uma subclasse de *Thing*.

```
1. public class FastThing extends Thing {
2.

3.   public FastThing() {
4.   }
5.
6. }
```

SlowThing também é uma subclasse de *Thing*. No entanto, o seu construtor demora 5 segundos a executar.

```
1. public class SlowThing extends Thing {
2.
3.   public SlowThing() {
4.           try {
5.                   Thread.sleep(5000);
6.           } catch (InterruptedException e) {
7.                   e.printStackTrace();
8.           }
9.   }
10.
11. }
```

A classe Proxy é um proxy para um objeto *SlowThing*. Como um objeto SlowThing leva 5 segundos para ser criado, usaremos um proxy para um *SlowThing* para que um objeto *SlowThing* seja criado apenas sob demanda. Isso ocorre quando o método *sayHello()* do proxy é executado. Ele instancia um objeto *SlowThing* se ele ainda não existir e então chama *sayHello()* no objeto *SlowThing*.

```
1. public class Proxy {
2.
3.   SlowThing slowThing;
4.
5.   public Proxy() {
6.           System.out.println("Creating proxy at " + new Date());
7.   }
8.
9.   public void sayHello() {
10.          if (slowThing == null) {
11.                  slowThing = new SlowThing();
12.          }
13.          slowThing.sayHello();
14.   }
15.
16. }
```

O trecho de código demonstra o uso do proxy. Cria um objeto *Proxy* e, em seguida, cria um objeto *FastThing* e chama *sayHello()* no objeto *FastThing*. Em seguida, chama *sayHello()* no objeto *Proxy*.

```
1.          Proxy proxy = new Proxy();
2.

3.          FastThing fastThing = new FastThing();
4.          fastThing.sayHello();
5.
6.          proxy.sayHello();
```

2.4. Padrão de peso mosca

O padrão flyweight é um padrão de design estrutural. No padrão flyweight, em vez de criar um grande número de objectos semelhantes, os objectos são reutilizados. Isso pode ser usado para reduzir os requisitos de memória, o tempo de instanciação e os custos relacionados. As semelhanças entre objectos são armazenadas dentro dos objectos e as diferenças são movidas para fora dos objectos e colocadas no código do cliente. Estas diferenças são passadas para os objectos quando necessário através de chamadas de métodos nos objectos. Uma interface Flyweight declara estes métodos. Uma classe Flyweight Concrete implementa a interface Flyweight, que é utilizada para efetuar operações com base no estado externo e também armazena o estado comum. Uma fábrica Flyweight é utilizada para criar e devolver objectos Flyweight.

Agora, vamos dar uma olhada em um exemplo do padrão de projeto flyweight. Vamos criar uma interface *Flyweight* com um método *doMath()* que será usado para executar uma operação matemática em dois inteiros passados como parâmetros.

```
1. public interface Flyweight {
2.
3.    public void doMath(int a, int b);
4.
5. }
```

A classe *FlyweightAdder* é uma classe concreta de pesos-moscas. Ela contém um campo "operation" que é usado para armazenar o nome de uma operação que é comum aos flyweights adder. Observe a chamada para *Thread.sleep(3000)*. Isso simula um processo de construção que é caro em termos de tempo. Cada objeto *FlyweightAdder* que é criado demora 3 segundos a ser criado, por isso queremos definitivamente minimizar o número de objectos flyweight que são criados. O método *doMath()* está implementado. Apresenta o campo comum "operation" (operação) e apresenta a adição de a e b, que são valores de estado externos que são passados e utilizados pelo *FlyweightAdder* quando *doMath()* é executado.

```
1. public class FlyweightAdder implements Flyweight {
2.
3.   String operation;
4.
5.   public FlyweightAdder() {
6.           operation = "adding";
7.           try {
8.                   Thread.sleep(3000);
9.           } catch (InterruptedException e) {
10.                  e.printStackTrace();
11.          }
12. }
13.
14. @Override
15. public void doMath(int a, int b) {
16.          System.out.println(operation + " " + a + " and " + b + ": " + (a + b));
17. }
18.
19. }
```

A classe *FlyweightMultiplier* é semelhante à classe *FlyweightAdder*, exceto que executa a multiplicação em vez da adição.

```
1. public class FlyweightMultiplier implements Flyweight {
2.
3.   String operation;
4.
5.   public FlyweightMultiplier() {
6.           operation = "multiplying";
7.           try {
8.                   Thread.sleep(3000);
9.           } catch (InterruptedException e) {
10.                  e.printStackTrace();
11.          }
12. }
13.
14. @Override
15. public void doMath(int a, int b) {
16.          System.out.println(operation + " " + a + " and " + b + ": " + (a * b));
17. }
18.
19. }
```

A classe *FlyweightFactory* é a nossa fábrica de flyweight. Ela utiliza o padrão singleton para que tenhamos apenas uma instância da fábrica, que obtemos através de seu método estático *getInstance()*. A *FlyweightFactory* cria um pool hashmap de flyweights. Se for feito um pedido para um objeto flyweight e esse objeto não existir, ele é criado e colocado na pool de flyweight. O conjunto de pesos-moscas da *FlyweightFactory* armazena todas as instâncias dos diferentes tipos de pesos-moscas (ou seja, o objeto *FlyweightAdder*, o objeto *FlyweightMultiplier*, etc.). Assim, só é criada uma instância de cada tipo, o que ocorre a pedido.

```
1.  public class FlyweightFactory {
2.
3.    private static FlyweightFactory flyweightFactory;
4.
5.    private Map<String, Flyweight> flyweightPool;
6.
7.    private FlyweightFactory() {
8.            flyweightPool = new HashMap<String, Flyweight>();
9.    }
10.
11.   public static FlyweightFactory getInstance() {
12.           if (flyweightFactory == null) {
13.                   flyweightFactory = new FlyweightFactory();
14.           }
15.           return flyweightFactory;
16.   }
17.
18.   public Flyweight getFlyweight(String key) {
19.           if (flyweightPool.containsKey(key)) {
20.                   return flyweightPool.get(key);
21.           } else {
22.                   Flyweight flyweight;
23.                   if ("add".equals(key)) {
24.                           flyweight = new FlyweightAdder();
25.                   } else {
26.                           flyweight = new FlyweightMultiplier();
27.                   }
28.                   flyweightPool.put(key, flyweight);
29.                   return flyweight;
30.           }
31.   }
32.
33. }
34.
```

O código de demonstração do padrão flyweight obtém um objeto
FlyweightFactory através de *FlyweightFactory.getInstance()*. Depois disso,
num ciclo, obtém um *FlyweightAdder* do *FlyweightFactory* e chama a sua
operação *doMath()* com o índice atual do ciclo como os dois valores de
parâmetro. De seguida, faz o mesmo com um *FlyweightMultiplier.class*
demonstra o nosso padrão flyweight. Ela obtém um objeto *FlyweightFactory*
via

FlyweightFactory.getInstance(). Depois disso, num ciclo, obtém um
FlyweightAdder do *FlyweightFactory* e chama a sua operação *doMath()* com
o índice do ciclo atual como os dois valores de parâmetro. Em seguida, faz a
mesma coisa com um *FlyweightMultiplier*.

```
1.          FlyweightFactory flyweightFactory = FlyweightFactory.getInstance();
2.
3.          for (int i = 0; i < 5; i++) {
4.                  Flyweight flyweightAdder = flyweightFactory.getFlyweight("add");
5.                  flyweightAdder.doMath(i, i);
6.
7.                  Flyweight                       flyweightMultiplier           =
flyweightFactory.getFlyweight("multiply");
8.                  flyweightMultiplier.doMath(i, i);
9.          }
```

2.5. Padrão de fachada

O padrão de fachada é um padrão de design estrutural. No padrão de fachada, uma classe de fachada é utilizada para fornecer uma única interface a um conjunto de classes. A fachada simplifica a interação dos clientes com um sistema complexo, localizando as interacções numa única interface. Como resultado, o cliente pode interagir com um único objeto em vez de ser obrigado a interagir diretamente de formas complicadas com os objectos que constituem o subsistema.

Como exemplo, suponhamos que temos três classes horrivelmente escritas. Com base nos nomes das classes e dos métodos (e na falta de documentação), seria muito difícil para um cliente interagir com estas classes.

O método *doSomethingComplicated()* da *classe1* recebe um número inteiro e devolve o seu cubo.

```
1. public class Class1 {
2.
3.   public int doSomethingComplicated(int x) {
4.            return x * x * x;
5.   }
6.
7. }
8.
```

O método *doAnotherThing()* da *classe2* duplica o cubo de um número inteiro e devolve-o.

```
1. public class Class2 {
2.
3.   public int doAnotherThing(Class1 class1, int x) {
4.            return 2 * class1.doSomethingComplicated(x);
5.   }
6. }
```

A função doMoreStuff() da Class3 recebe um objeto Class1, um objeto Class2 e um número inteiro e devolve o dobro da sexta potência do número inteiro.

```
1. public class Class3 {
2.
3.   public int doMoreStuff(Class1 class1, Class2 class2, int x) {
4.            return class1.doSomethingComplicated(x) * class2.doAnotherThing(class1, x);
5.   }
6.
7. }
```

Para um cliente não familiarizado com *Class1, Class2* e *Class3*, seria muito difícil descobrir como interagir com estas classes. As classes interagem e executam tarefas de formas pouco claras. Como resultado, temos de ser capazes de simplificar a interação com este sistema de classes para que os clientes possam interagir com estas classes de uma forma simples e padronizada.

Fazemo-lo com a classe *Facade*. A classe *Facade* tem três métodos: *cubeX()*, *cubeXTimes2()* e *xToSixthPowerTimes2()*. Os nomes destes métodos indicam claramente o que fazem, e estes métodos escondem as interacções da *Classe1, Classe2* e *Classe3* do código cliente.

```
1. public class Facade {
2.
3.  public int cubeX(int x) {
4.            Class1 class1 = new Class1();
5.            return class1.doSomethingComplicated(x);
6.  }
7.
8.  public int cubeXTimes2(int x) {
9.            Class1 class1 = new Class1();
10.           Class2 class2 = new Class2();
11.           return class2.doAnotherThing(class1, x);
12. }
13.
14. public int xToSixthPowerTimes2(int x) {
15.           Class1 class1 = new Class1();
16.           Class2 class2 = new Class2();
17.           Class3 class3 = new Class3();
18.           return class3.doMoreStuff(class1, class2, x);
19. }
20.
21. }
```

O código de demonstração cria um objeto *Facade* e, em seguida, chama os seus três métodos com um valor de parâmetro de 3. Apresenta os resultados devolvidos.

```
1.            Facade facade = new Facade();
2.
3.            int x = 3;
4.            System.out.println("Cube of " + x + ":" + facade.cubeX(3));
5.            System.out.println("Cube of " + x + " times 2:" + facade.cubeXTimes2(3));
6.            System.out.println(x   +   "   to   sixth   power   times   2:"   +
facade.xToSixthPowerTimes2(3));
7.
```

Este exemplo demonstra como o padrão de fachada pode ser utilizado para simplificar as interacções com um sistema de classes, fornecendo um único ponto de interação com o subsistema e ocultando os detalhes complexos das interacções do subsistema do código do cliente. Isto é conseguido com uma classe de fachada.

2.6. Padrão de ponte

No padrão de ponte, separamos uma abstração e a sua implementação e desenvolvemos estruturas de herança separadas para a abstração e o implementador. A abstração é uma interface ou classe abstrata, e o implementador é igualmente uma interface ou classe abstrata. A abstração contém uma referência ao implementador. Os filhos da abstração são referidos como abstracções refinadas, e os filhos do implementador são implementadores concretos. Uma vez que podemos alterar a referência ao implementador na abstração, podemos alterar o implementador da abstração em tempo de execução. As alterações ao implementador não afectam o código cliente.

O padrão bridge pode ser demonstrado com um exemplo. Suponha que temos uma classe *Veículo*. Podemos extrair a implementação do motor para uma classe Engine. Podemos referenciar este implementador de *Motor* no nosso *Veículo* através de um campo *Engine*. Vamos declarar *Veículo como* sendo uma classe abstrata.

As subclasses de *Vehicle* precisam de implementar o método *drive()*. Note-se que a referência *Engine* pode ser alterada através do método *setEngine()*.

```
1. public abstract class Vehicle {
2.
3.   Engine engine;
4.   int weightInKilos;
5.
6.   public abstract void drive();
7.
8.   public void setEngine(Engine engine) {
9.           this.engine = engine;
10. }
11.
12. public void reportOnSpeed(int horsepower) {
13.         int ratio = weightInKilos / horsepower;
14.         if (ratio < 3) {
15.                 System.out.println("The vehicle is going at a fast speed.");
16.         } else if ((ratio >= 3) && (ratio < 8)) {
17.                 System.out.println("The vehicle is going an average speed.");
18.         } else {
19.                 System.out.println("The vehicle is going at a slow speed.");
20.         }
21. }
22.
23. }
```

BigBus é uma subclasse de *Veículo*. Tem um peso de 3000 kg. O seu método drive() apresenta uma mensagem, chama o método go() do motor e, em seguida, chama *reportOnSpeed()* com a potência do motor para informar sobre a velocidade a que o veículo se está a mover.

```
1. public class BigBus extends Vehicle {
2.
3.   public BigBus(Engine engine) {
4.           this.weightInKilos = 3000;
5.           this.engine = engine;
6.   }
7.
8.   @Override
9.   public void drive() {
10.          System.out.println("\nThe big bus is driving");
11.          int horsepower = engine.go();
12.          reportOnSpeed(horsepower);
13. }
14.
15. }
```

O SmallCar é semelhante ao BigBus, mas é muito mais leve.

```
1. public class SmallCar extends Vehicle {
```

```java
2.
3.  public SmallCar(Engine engine) {
4.          this.weightInKilos = 600;
5.          this.engine = engine;
6.  }
7.
8.  @Override
9.  public void drive() {
10.         System.out.println("\nThe small car is driving");
11.         int horsepower = engine.go();
12.         reportOnSpeed(horsepower);
13. }
14.
15. }
```

A nossa interface de implementação é a interface *Engine*, que declara o método *go()*.

```java
1. public interface Engine {
2.
3.  public int go();
4.
5. }
6.
```

Um *BigEngine* implementa Engine. *A BigEngine* tem 350 cavalos de potência. O seu método *go()* informa que está a funcionar e devolve a potência.

```java
1. public class BigEngine implements Engine {
2.
3.  int horsepower;
4.
5.  public BigEngine() {
6.          horsepower = 350;
7.  }
8.
9.  @Override
10. public int go() {
11.         System.out.println("The big engine is running");
12.         return horsepower;
13. }
14.
15. }
```

O SmallEngine é semelhante ao *BigEngine*. Tem apenas 100 cavalos de potência.

```java
1. public class SmallEngine implements Engine {
2.
3.  int horsepower;
4.
5.  public SmallEngine() {
6.          horsepower = 100;
7.  }
8.
9.  @Override

10. public int go() {
11.         System.out.println("The small engine is running");
12.         return horsepower;
13. }
14.
15. }
```

O exemplo demonstra o padrão de ponte. Ele cria um veículo *BigBus* com um implementador *SmallEngine*. Nós chamamos o método *drive()* do veículo. Em seguida, mudamos o implementador para um *BigEngine* e mais uma vez chamamos *drive()*. Depois, criamos um veículo *SmallCar* com um implementador *SmallEngine*. Chamamos *drive()*. De seguida, alteramos o motor para um *BigEngine* e chamamos novamente *drive()*.

```
1.                    Vehicle vehicle = new BigBus(new SmallEngine());
2.          vehicle.drive();
3.          vehicle.setEngine(new BigEngine());
4.          vehicle.drive();
5.
6.          vehicle = new SmallCar(new SmallEngine());
7.          vehicle.drive();
8.          vehicle.setEngine(new BigEngine());
9.          vehicle.drive();
```

Repare que foi possível alterar o implementador (motor) dinamicamente para cada veículo. Estas alterações não afectaram o código cliente. Além disso, uma vez que *BigBus* e *SmallCar* eram ambas subclasses da abstração Vehicle, pudemos até apontar a referência do veículo para um objeto *BigBus* e um objeto *SmallCar* e chamar o mesmo método *drive()* para ambos os tipos de veículos.

2.7.Padrão de decoração

O padrão decorador é um padrão de design estrutural. Enquanto a herança adiciona funcionalidade às classes, o padrão decorador adiciona funcionalidade aos objetos envolvendo objetos em outros objetos. Cada vez que uma funcionalidade adicional é necessária, o objeto é envolvido em outro objeto. Os fluxos de E/S de Java são um exemplo bem conhecido do padrão decorador.

Para o padrão decorador, precisamos de uma classe que sirva como o objeto base ao qual adicionamos funcionalidade. Este é um Componente Concreto e implementa uma interface Componente. A interface Componente declara as operações comuns que devem ser executadas pelo componente concreto e todos os decoradores que envolvem o objeto componente concreto. Um Decorador é uma classe abstrata que implementa a interface Componente e contém uma referência a um Componente. Os Decoradores concretos são classes que estendem o Decorador.

Podemos ilustrar o padrão decorador com um exemplo. Vamos começar criando uma interface *Animal*. A interface *Animal* é a nossa interface de componente.

```
1. public interface Animal {
2.
3.   public void describe();
4.
5. }
```

LivingAnimal implementa *Animal* e é o nosso componente concreto. O seu método *describe()* apresenta uma mensagem que indica que se trata de um animal.

```
1. public class LivingAnimal implements Animal {
2.
3.   @Override
4.   public void describe() {
5.             System.out.println("\nI am an animal.");
6.   }
7.
8. }
```

AnimalDecorator é a nossa classe abstrata decoradora. Implementa Animal mas, como é uma classe abstrata, não tem de implementar describe(). O seu construtor define o seu campo de referência Animal.

```
1. public abstract class AnimalDecorator implements Animal {
2.
3.   Animal animal;
4.
5.   public AnimalDecorator(Animal animal) {
6.             this.animal = animal;
7.   }
8.
9. }
```

LegDecorator é um decorador concreto. O seu construtor passa uma referência de *Animal* para o construtor *de AnimalDecorator*. O seu método *describe()* chama o método describe() da referência *Animal* e depois envia uma mensagem adicional. Em seguida, chama o seu método *dance()*, mostrando que a funcionalidade adicional pode ser adicionada pelo decorador concreto.

```
1. public class LegDecorator extends AnimalDecorator {
2.
3.   public LegDecorator(Animal animal) {
4.             super(animal);
5.   }
6.
7.   @Override
8.   public void describe() {
9.             animal.describe();
10.            System.out.println("I have legs.");
11.            dance();
12.   }
13.
14.  public void dance() {
15.            System.out.println("I can dance.");
16.   }
17.
18. }
```

O WingDecorator é um decorador de betão muito semelhante ao

LegDecorator.

```
1. public class WingDecorator extends AnimalDecorator {
2.
3.   public WingDecorator(Animal animal) {
4.           super(animal);
5.   }
6.
7.   @Override
8.   public void describe() {
9.           animal.describe();
10.          System.out.println("I have wings.");
11.          fly();
12.   }
13.
14.   public void fly() {
15.          System.out.println("I can fly.");
16.   }
17.
18. }
19.
```

GrowlDecorator é outro decorador de betão.

```
1. public class GrowlDecorator extends AnimalDecorator {
2.
3.   public GrowlDecorator(Animal animal) {
4.           super(animal);
5.   }
6.
7.   @Override

8.   public void describe() {
9.           animal.describe();
10.          growl();
11.   }
12.
13.   public void growl() {
14.          System.out.println("Grrrr.");
15.   }
16.
17. }
```

A classe DecoratorDemo demonstra o padrão de design decorador. Primeiro,
um objeto *LivingAnimal* é criado e é referenciado através da referência
Animal. O método *describe()* é chamado. Depois disso, envolvemos o
LivingAnimal num objeto *LegDecorator* e, mais uma vez, chamamos o
método describe. Podemos ver que as pernas foram adicionadas. Depois
disso, envolvemos o *LegDecorator* num *WingDecorator*, que adiciona asas
ao nosso animal. Mais tarde, envolvemos o animal em dois
GrowlDecorators. A partir do resultado de *describe()*, podemos ver que são
apresentadas duas mensagens de rosnado, uma vez que envolvemos o animal
duas vezes.

```
1.      Animal animal = new LivingAnimal();
2.      animal.describe();
3.
4.      animal = new LegDecorator(animal);
5.      animal.describe();
6.
7.      animal = new WingDecorator(animal);
8.      animal.describe();
9.
10.     animal = new GrowlDecorator(animal);
11.     animal = new GrowlDecorator(animal);
12.     animal.describe();
```

Neste exemplo, utilizámos apenas a referência *Animal* para nos referirmos aos objectos. Utilizando esta abordagem, só podíamos aceder às operações partilhadas da interface *Animal* (ou seja, o método *describe()*). Em vez de fazer referência a essa interface, poderíamos ter feito referência à classe decoradora concreta. Isso teria exposto a funcionalidade exclusiva do decorador concreto.

3. Padrões de design de comportamento

3.1.Modelo Método Padrão

O padrão de método modelo é um padrão de classe comportamental. Um padrão de classe comportamental utiliza a herança para a distribuição do comportamento. No padrão de método modelo, um método (o 'método modelo') define os passos de um algoritmo. A implementação destes passos (ou seja, métodos) pode ser adiada para subclasses. Assim, um determinado algoritmo é definido no método modelo, mas os passos exactos desse algoritmo podem ser definidos em subclasses. O método modelo é implementado numa classe abstrata. Os passos (métodos) do algoritmo são declarados na classe abstrata, e os métodos cujas implementações devem ser delegadas a subclasses são declarados abstractos.

Aqui está um exemplo do padrão de método modelo. *Refeição* é uma classe abstrata com um método modelo chamado *doMeal()* que define os passos envolvidos em uma refeição. Declaramos o método como final para que não possa ser substituído. O algoritmo definido por *doMeal()* consiste em quatro etapas: *prepareIngredients()*, *cook()*, *eat()* e *cleanUp()*. O método *comer()* está implementado, embora as subclasses possam substituir a implementação. Os métodos *prepareIngredients()*, *cook()* e *cleanUp()* são declarados abstractos, pelo que as subclasses têm de os implementar.

```
1. public abstract class Meal {
2.
3.  // template method
4.  public final void doMeal() {
5.          prepareIngredients();
6.          cook();
7.          eat();
8.          cleanUp();
9.  }
10.
11. public abstract void prepareIngredients();
12.
13. public abstract void cook();
14.
15. public void eat() {
16.          System.out.println("Mmm, that's good");
17. }

18.
19. public abstract void cleanUp();
20.
21. }
```

A classe *HamburgerMeal* estende *Meal* e implementa os três métodos abstractos *de Meal.*

```
1. public class HamburgerMeal extends Meal {
2.
3.  @Override
4.  public void prepareIngredients() {
5.          System.out.println("Getting burgers, buns, and french fries");
6.  }
7.
8.  @Override
9.  public void cook() {
10.          System.out.println("Cooking burgers on grill and fries in oven");
11. }
12.
13. @Override
14. public void cleanUp() {
15.          System.out.println("Throwing away paper plates");
16. }
17.
18. }
```

A classe *TacoMeal* implementa os três métodos abstractos *de Meal* e também substitui o método *eat().*

```
1. public class TacoMeal extends Meal {
2.
3.  @Override
4.  public void prepareIngredients() {
5.          System.out.println("Getting ground beef and shells");
6.  }
7.
8.  @Override
9.  public void cook() {
10.         System.out.println("Cooking ground beef in pan");
11. }
12.
13. @Override
14. public void eat() {
15.         System.out.println("The tacos are tasty");
16. }
17.
18. @Override
19. public void cleanUp() {
20.         System.out.println("Doing the dishes");
21. }
22.
23. }
```

O exemplo de demonstração cria um objeto *HamburgerMeal* e chama o seu método *doMeal()*. Cria um objeto *TacoMeal* e chama *doMeal()* ao objeto *TacoMeal*.

```
1. public class Demo {
2.
3.  public static void main(String[] args) {
4.
5.          Meal meal1 = new HamburgerMeal();
6.          meal1.doMeal();
7.
8.          System.out.println();
9.
10.         Meal meal2 = new TacoMeal();
11.         meal2.doMeal();
12.
13. }
14.
15. }
```

O padrão de desenho de métodos modelo permite-nos definir os passos de um algoritmo e passar a implementação desses passos para as subclasses.

3.2. Padrão de mediador

O padrão mediador é um padrão de design de objeto comportamental. O padrão mediador centraliza a comunicação entre objetos em um objeto mediador. Essa centralização é útil, pois localiza em um único lugar as interações entre objetos, o que pode aumentar a facilidade de manutenção do código, especialmente à medida que o número de classes em uma aplicação aumenta. Como a comunicação ocorre com o mediador e não diretamente com outros objetos, o padrão mediador resulta em um acoplamento frouxo de objetos.

As classes que comunicam com o mediador são conhecidas como

Colleagues. A implementação do mediador é conhecida como Mediador Concreto. O mediador pode ter uma interface que explicita a comunicação com os Colegas. Os colegas conhecem o seu mediador, e o mediador conhece os seus colegas.

Agora, vamos ver um exemplo deste padrão. Vamos criar uma classe *Mediator* (sem implementar uma interface mediadora neste exemplo). Este mediador mediará a comunicação entre dois compradores (um comprador sueco e um comprador francês), um vendedor americano e um conversor de moeda.

O *Mediator* tem referências aos dois compradores, ao vendedor e ao conversor. Tem métodos que permitem registar objectos destes tipos. Tem também um método *placeBid()*. Este método recebe como parâmetros um montante de licitação e uma unidade monetária. Converte este montante num montante em dólares através da comunicação com o dollarConverter. Em seguida, pergunta ao vendedor se a licitação foi aceite e devolve a resposta.

```
1. public class Mediator {
2.
3.  Buyer swedishBuyer;
4.  Buyer frenchBuyer;
5.  AmericanSeller americanSeller;
6.  DollarConverter dollarConverter;
7.
8.  public Mediator() {
9.  }
10.
11. public void registerSwedishBuyer(SwedishBuyer swedishBuyer) {
12.         this.swedishBuyer = swedishBuyer;
13. }
14.
15. public void registerFrenchBuyer(FrenchBuyer frenchBuyer) {
16.         this.frenchBuyer = frenchBuyer;
17. }
18.
19. public void registerAmericanSeller(AmericanSeller americanSeller) {
20.         this.americanSeller = americanSeller;
21. }
22.
23. public void registerDollarConverter(DollarConverter dollarConverter) {
24.         this.dollarConverter = dollarConverter;
25. }
26.
27. public boolean placeBid(float bid, String unitOfCurrency) {
28.         float    dollarAmount    =    dollarConverter.convertCurrencyToDollars(bid,
unitOfCurrency);
29.         return americanSeller.isBidAccepted(dollarAmount);
30. }
31. }
```

Aqui está a classe Comprador. As classes *SwedishBuyer* e *FrenchBuyer* são subclasses de Buyer. O comprador tem uma unidade monetária como campo e tem também uma referência ao mediador. A classe *Comprador* tem um método *attemptToPurchase()*. Este método submete uma proposta ao método *placeBid()* do mediador. Devolve a resposta do mediador.

```
1. public class Buyer {
2.
3.   Mediator mediator;
4.   String unitOfCurrency;
5.
6.   public Buyer(Mediator mediator, String unitOfCurrency) {
7.           this.mediator = mediator;
8.           this.unitOfCurrency = unitOfCurrency;
9.   }
10.
11.  public boolean attemptToPurchase(float bid) {
12.          System.out.println("Buyer attempting a bid of " + bid + " " + unitOfCurrency);
13.          return mediator.placeBid(bid, unitOfCurrency);
14.  }
15. }
```

A classe *SwedishBuyer* é uma subclasse de *Buyer*. No construtor, definimos a unitOfCurrency como sendo "krona". Também registamos o *SwedishBuyer* com o mediador para que o mediador conheça o objeto *SwedishBuyer*.

```
1. public class SwedishBuyer extends Buyer {
2.
3.   public SwedishBuyer(Mediator mediator) {
4.           super(mediator, "krona");
5.           this.mediator.registerSwedishBuyer(this);
6.   }
7. }
8.
```

A classe *FrenchBuyer* é semelhante à classe *SwedishBuyer*, exceto que a unitOfCurrency é "euro", e regista-se no mediador como *FrenchBuyer*.

```
1. public class FrenchBuyer extends Buyer {
2.
3.   public FrenchBuyer(Mediator mediator) {
4.           super(mediator, "euro");
5.           this.mediator.registerFrenchBuyer(this);
6.   }
7. }
```

No construtor da classe *VendedorAmericano*, a classe obtém uma referência para o mediador e o *preçoEmDólares* é definido. Este é o preço de um bem que está a ser vendido. O vendedor regista-se no mediador como *AmericanSeller*. O método *isBidAccepted()* do vendedor recebe uma oferta (em dólares). Se a oferta for superior ao preço (em dólares), a oferta é aceite e é devolvido true. Caso contrário, é devolvido false.

```
1. public class AmericanSeller {
2.
3.   Mediator mediator;
4.   float priceInDollars;
5.
6.   public AmericanSeller(Mediator mediator, float priceInDollars) {
7.           this.mediator = mediator;
8.           this.priceInDollars = priceInDollars;
9.           this.mediator.registerAmericanSeller(this);
10. }
11.
12. public boolean isBidAccepted(float bidInDollars) {
13.         if (bidInDollars >= priceInDollars) {
14.                 System.out.println("Seller accepts the bid of " + bidInDollars + "
dollars\n");
15.                 return true;
16.         } else {
17.                 System.out.println("Seller rejects the bid of " + bidInDollars + "
dollars\n");
18.                 return false;
19.         }
20. }
21.
22. }
```

A classe DollarConverter é outra classe de colega. Quando criada, recebe uma referência ao mediador e regista-se no mediador como DollarConverter. Esta classe tem métodos para converter montantes em euros e coroas para dólares.

```
1. public class DollarConverter {
2.
3.   Mediator mediator;
4.
5.   public static final float DOLLAR_UNIT = 1.0f;
6.   public static final float EURO_UNIT = 0.7f;
7.   public static final float KRONA_UNIT = 8.0f;
8.
9.   public DollarConverter(Mediator mediator) {
10.         this.mediator = mediator;
11.         mediator.registerDollarConverter(this);
12. }

13.
14. private float convertEurosToDollars(float euros) {
15.         float dollars = euros * (DOLLAR_UNIT / EURO_UNIT);
16.         System.out.println("Converting " + euros + " euros to " + dollars + " dollars");
17.         return dollars;
18. }
19.
20. private float convertKronorToDollars(float kronor) {
21.         float dollars = kronor * (DOLLAR_UNIT / KRONA_UNIT);
22.         System.out.println("Converting " + kronor + " kronor to " + dollars + " dollars");
23.         return dollars;
24. }
25.
26. public float convertCurrencyToDollars(float amount, String unitOfCurrency) {
27.         if ("krona".equalsIgnoreCase(unitOfCurrency)) {
28.                 return convertKronorToDollars(amount);
29.         } else {
30.                 return convertEurosToDollars(amount);
31.         }
32. }
33. }
```

O exemplo de demonstração cria um objeto SwedishBuyer e um objeto FrenchBuyer. Cria um objeto AmericanSeller com um preço de venda definido para 10 dólares. Em seguida, cria um DollarConverter. Todos estes objectos se registam com o mediador nos seus construtores. O comprador sueco começa com uma licitação de 55 coroas e continua a licitar em incrementos de 15 coroas até a licitação ser aceite. O comprador francês começa com uma licitação de 3 euros e continua a licitar em incrementos de 1,50 euros até a licitação ser aceite.

```
1.              Mediator mediator = new Mediator();
2.
3.              Buyer swedishBuyer = new SwedishBuyer(mediator);
4.              Buyer frenchBuyer = new FrenchBuyer(mediator);
5.              float sellingPriceInDollars = 10.0f;
6.              AmericanSeller    americanSeller    =    new    AmericanSeller(mediator,
sellingPriceInDollars);
7.              DollarConverter dollarConverter = new DollarConverter(mediator);
8.
9.              float swedishBidInKronor = 55.0f;
10.             while (!swedishBuyer.attemptToPurchase(swedishBidInKronor)) {
11.                     swedishBidInKronor += 15.0f;
12.             }
13.
14.             float frenchBidInEuros = 3.0f;
15.             while (!frenchBuyer.attemptToPurchase(frenchBidInEuros)) {
16.                     frenchBidInEuros += 1.5f;
17.             }
18.
```

O padrão mediador, observe que toda a comunicação entre nossos objetos (compradores, vendedor e conversor) ocorre através do mediador. O padrão mediador ajuda a reduzir o número de referências de objetos necessárias (via composição) à medida que as classes proliferam em um projeto à medida que o projeto cresce.

3.3.Padrão da cadeia de responsabilidade

O padrão de cadeia de responsabilidade é um padrão de design de objectos comportamentais. No padrão de cadeia de responsabilidade, uma série de objectos manipuladores são encadeados para tratar um pedido feito por um objeto cliente. Se o primeiro manipulador não puder tratar o pedido, o pedido é encaminhado para o manipulador seguinte e é passado para baixo na cadeia até que o pedido chegue a um manipulador que possa tratar o pedido ou a cadeia termine. Neste padrão, o cliente é desacoplado do tratamento efetivo do pedido, uma vez que não sabe que classe irá efetivamente tratar o pedido.

Neste padrão, um Handler é uma interface para tratar um pedido e aceder ao sucessor de um Handler. Um Handler é implementado por um Concrete Handler. O Concrete Handler tratará o pedido ou passá-lo-á para o Concrete Handler seguinte. Um cliente faz o pedido ao início da cadeia de manipuladores.

Agora, vamos dar uma olhada em um exemplo do padrão de cadeia de responsabilidade. Em vez de uma interface, usarei uma classe base abstrata como manipulador para que as subclasses possam utilizar o método *setSuccessor()* implementado. Esta classe abstrata chama-se *PlanetHandler*. Os manipuladores concretos que subclassem *PlanetHandler* precisam implementar o método *handleRequest()*.

```
1. public abstract class PlanetHandler {
2.
3.   PlanetHandler successor;
4.
5.   public void setSuccessor(PlanetHandler successor) {
6.           this.successor = successor;
7.   }

8.
9.   public abstract void handleRequest(PlanetEnum request);
10.
11. }
```

Este exemplo utilizará um enum dos planetas chamado *PlanetEnum*.

```
1. public enum PlanetEnum {
2.   MERCURY, VENUS, EARTH, MARS, JUPITER, SATURN, URANUS, NEPTUNE;
3. }
```

MercuryHandler é uma subclasse de *PlanetHandler* e implementa o método *handleRequest()*. Se o pedido for um *PlanetEnum.MERCURY*, este tratará o pedido. Caso contrário, o pedido é passado para o sucessor deste manipulador, se o sucessor existir.

```
1. public class MercuryHandler extends PlanetHandler {
2.
3.   public void handleRequest(PlanetEnum request) {
4.           if (request == PlanetEnum.MERCURY) {
5.                   System.out.println("MercuryHandler handles " + request);
6.                   System.out.println("Mercury is hot.\n");
7.           } else {
8.                   System.out.println("MercuryHandler doesn't handle " + request);
9.                   if (successor != null) {
10.                          successor.handleRequest(request);
11.                  }
12.          }
13. }
14.
15. }
```

VenusHandler é semelhante a *MercuryHandler*, exceto que trata os pedidos *PlanetEnum.VENUS*.

```
1. public class VenusHandler extends PlanetHandler {
2.
3.   public void handleRequest(PlanetEnum request) {
4.           if (request == PlanetEnum.VENUS) {
5.                   System.out.println("VenusHandler handles " + request);
6.                   System.out.println("Venus is poisonous.\n");
7.           } else {
8.                   System.out.println("VenusHandler doesn't handle " + request);
9.                   if (successor != null) {
10.                          successor.handleRequest(request);
11.                  }
12.          }
13. }
14.
15. }
```

EarthHandler trata de forma semelhante os pedidos *PlanetEnum.EARTH*.

```
1. public class EarthHandler extends PlanetHandler {
2.

3.   public void handleRequest(PlanetEnum request) {
4.           if (request == PlanetEnum.EARTH) {
5.                   System.out.println("EarthHandler handles " + request);
6.                   System.out.println("Earth is comfortable.\n");
7.           } else {
8.                   System.out.println("EarthHandler doesn't handle " + request);
9.                   if (successor != null) {
10.                          successor.handleRequest(request);
11.                  }
12.          }
13. }
14.
15. }
```

O exemplo de demonstração cria a cadeia de manipuladores, começando com *MercuryHandler*, depois *VenusHandler* e depois *EarthHandler*. O método *setUpChain()* devolve a cadeia a *main()* através de uma referência *PlanetHandler*. São feitos quatro pedidos à cadeia, sendo os pedidos *VENUS, MERCURY, EARTH* e *JUPITER*.

```
1.      PlanetHandler mercuryHandler = new MercuryHandler();
2.      PlanetHandler venusHandler = new VenusHandler();
3.      PlanetHandler earthHandler = new EarthHandler();
4.
5.      mercuryHandler.setSuccessor(venusHandler);
6.      venusHandler.setSuccessor(earthHandler);
7.      chain.handleRequest(PlanetEnum.VENUS);
8.      chain.handleRequest(PlanetEnum.MERCURY);
9.      chain.handleRequest(PlanetEnum.EARTH);
10.     chain.handleRequest(PlanetEnum.JUPITER);
```

Repare que o último pedido efectuado na cadeia é *JUPITER*. Este pedido não é tratado por nenhum manipulador, demonstrando que um pedido não tem de ser tratado por nenhum manipulador. Se quiséssemos, poderíamos também ter escrito um manipulador OtherPlanets e colocá-lo no fim da cadeia para tratar os pedidos do planeta não tratados por outros manipuladores anteriores. Isto demonstraria que podemos tornar os nossos manipuladores específicos no início da cadeia e mais gerais no fim da cadeia, tratando assim categorias mais vastas de pedidos à medida que nos aproximamos do fim da cadeia.

3.4. Padrão do observador

O padrão de observador é um padrão de design de objeto comportamental. No padrão observador, um objeto chamado sujeito mantém uma coleção de objetos chamados observadores. Quando o sujeito muda, ele notifica os observadores. Os observadores podem ser adicionados ou removidos da coleção de observadores do sujeito. As alterações no estado do sujeito podem ser transmitidas aos observadores para que estes possam alterar o seu próprio estado de modo a refletir essa alteração.

O sujeito tem uma interface que define métodos para anexar e desanexar observadores da coleção de observadores do sujeito. Esta interface também possui um método de notificação. Este método deve ser chamado quando o estado do sujeito muda. Isto notifica os observadores que o estado do sujeito mudou. Os observadores têm uma interface com um método para atualizar o observador. Este método de atualização é chamado para cada observador no método de notificação do sujeito. Uma vez que esta comunicação ocorre através de uma interface, qualquer observador concreto que implemente a interface do observador pode ser atualizado pelo sujeito. Isso resulta em um acoplamento frouxo entre as classes do sujeito e do observador.

Agora vamos ver um exemplo do padrão observador. Começaremos por criar uma interface para o sujeito chamada *WeatherSubject*. Esta irá declarar três métodos: *addObserver()*, *removeObserver()* e *doNotify()*.

```
1. public interface WeatherSubject {
2.
3.   public void addObserver(WeatherObserver weatherObserver);
4.
5.   public void removeObserver(WeatherObserver weatherObserver);
6.
7.   public void doNotify();
8.
9. }
```

Também vamos criar uma interface para os observadores chamada *WeatherObserver*. Esta interface possui um método, o método *doUpdate()*.

```
1. public interface WeatherObserver {
2.
3.   public void doUpdate(int temperature);
4.
5. }
```

A classe *WeatherStation* implementa *WeatherSubject*. É a nossa classe de objeto. Mantém um conjunto de *WeatherObservers* que são adicionados através de *addObserver()* e removidos através de *removeObserver()*. Quando o estado *de WeatherSubject* muda através de *setTemperature()*, é chamado o método *doNotify()*, que contacta todos os *WeatherObservers* com a temperatura através dos seus métodos *doUpdate()*.

```
1. public class WeatherStation implements WeatherSubject {
2.
3.  Set<WeatherObserver> weatherObservers;
4.  int temperature;
5.
6.  public WeatherStation(int temperature) {
7.          weatherObservers = new HashSet<WeatherObserver>();
8.          this.temperature = temperature;
9.  }
10.
11. @Override
12. public void addObserver(WeatherObserver weatherObserver) {
13.          weatherObservers.add(weatherObserver);
14. }
15.
16. @Override
17. public void removeObserver(WeatherObserver weatherObserver) {
18.          weatherObservers.remove(weatherObserver);
19. }
20.
21. @Override
22. public void doNotify() {
23.          Iterator<WeatherObserver> it = weatherObservers.iterator();
24.          while (it.hasNext()) {
25.                  WeatherObserver weatherObserver = it.next();
26.                  weatherObserver.doUpdate(temperature);
27.          }
28. }
29.
30. public void setTemperature(int newTemperature) {
31.          System.out.println("\nWeather station setting temperature to " +
newTemperature);
32.          temperature = newTemperature;
33.          doNotify();
34. }
35.
36. }
37.
```

WeatherCustomer1 é um observador que implementa *WeatherObserver*. O seu método *doUpdate()* obtém a temperatura atual da *Estação Meteorológica* e apresenta-a.

```
1. public class WeatherCustomer1 implements WeatherObserver {
2.
3.  @Override
4.  public void doUpdate(int temperature) {
5.          System.out.println("Weather customer 1 just found out the temperature is:" +
temperature);
6.  }
7.
8. }
```

WeatherCustomer2 efectua uma funcionalidade semelhante à de *WeatherCustomer1*.

```
1. public class WeatherCustomer2 implements WeatherObserver {
2.
3.  @Override
4.  public void doUpdate(int temperature) {
5.          System.out.println("Weather customer 2 just found out the temperature is:" +
temperature);
6.  }
7.
8. }
```

O exemplo de demonstração cria uma *Estação meteorológica* e, em seguida,

um *WeatherCustomer1* e um *WeatherCustomer2*. Os dois clientes são
adicionados como observadores à estação meteorológica. De seguida, é
chamado o método *setTemperature()* da estação meteorológica. Isto altera o
estado da estação meteorológica e os clientes são notificados desta
atualização da temperatura. Em seguida, o objeto *WeatherCustomer1* é
removido da coleção de observadores da estação. Depois, o método
setTemperature() é chamado novamente. Isto resulta na notificação do objeto
WeatherCustomer2.

```
1.        WeatherStation weatherStation = new WeatherStation(33);
2.
3.        WeatherCustomer1 wc1 = new WeatherCustomer1();
4.        WeatherCustomer2 wc2 = new WeatherCustomer2();
5.        weatherStation.addObserver(wc1);
6.        weatherStation.addObserver(wc2);
7.
8.        weatherStation.setTemperature(34);
9.
10.       weatherStation.removeObserver(wc1);
11.

12.       weatherStation.setTemperature(35);
```

Num caso mais avançado, poderíamos ter dado a cada observador uma
referência ao objeto da estação meteorológica. Isto poderia permitir ao
observador a capacidade de comparar o estado do objeto em detalhe com o
seu próprio estado e fazer quaisquer actualizações necessárias ao seu próprio
estado.

3.5. Padrão de estratégia

O padrão de estratégia é um padrão de conceção de objectos
comportamentais. No padrão de estratégia, os diferentes algoritmos são
representados como classes de estratégia concretas e partilham uma interface
de estratégia comum. Um objeto Context contém uma referência a uma
estratégia. Ao alterar a estratégia do contexto, é possível obter
comportamentos diferentes. Embora esses comportamentos sejam diferentes,
todas as diferentes estratégias operam com dados do Contexto.

O padrão de estratégia é uma forma de utilizar a composição como
alternativa à subclasse. Em vez de fornecer comportamentos diferentes
através de subclasses que substituem métodos em superclasses, o padrão de
estratégia permite que comportamentos diferentes sejam colocados em
classes de estratégia concretas que partilham a interface comum de estratégia.
Uma classe Context é composta por uma referência a uma Strategy.

Aqui está um exemplo do padrão de estratégia. Primeiro, vamos definir uma
interface *Strategy*. Ela declara um método *checkTemperature()*.

```
1. public interface Strategy {
2.
3.   boolean checkTemperature(int temperatureInF);
4.
5. }
```

```
1. public interface Strategy {
2.
3.   boolean checkTemperature(int temperatureInF);
4.
5. }
```

A classe HikeStrategy é uma classe de estratégia concreta que implementa a
interface Strategy. O método checkTemperature é implementado de modo a
que, se a temperatura estiver entre 50 e 90, devolva true. Caso contrário,
devolve falso.

```
1. public class HikeStrategy implements Strategy {
2.
3.   @Override
4.   public boolean checkTemperature(int temperatureInF) {
5.          if ((temperatureInF >= 50) && (temperatureInF <= 90)) {
6.                  return true;
7.          } else {
8.                  return false;
9.          }
10. }
11.
12. }
```

O *SkiStrategy* implementa a interface *Strategy*. Se a temperatura for igual ou
inferior a 32, o método *checkTemperature* devolve true. Caso contrário,
devolve falso.

```
1. public class SkiStrategy implements Strategy {
2.
3.   @Override
4.   public boolean checkTemperature(int temperatureInF) {
5.          if (temperatureInF <= 32) {
6.                  return true;
7.          } else {
8.                  return false;
9.          }
10. }
11.
12. }
```

A classe Context contém uma temperatura e uma referência a uma estratégia.
A estratégia pode ser alterada, resultando num comportamento diferente que
opera sobre os mesmos dados no contexto. O resultado desta operação pode
ser obtido a partir do *Contexto* através do método *getResult()*.

```
1. public class Context {
2.
3.  int temperatureInF;
4.  Strategy strategy;
5.
6.  public Context(int temperatureInF, Strategy strategy) {
7.          this.temperatureInF = temperatureInF;
8.          this.strategy = strategy;
9.  }
10.
11. public void setStrategy(Strategy strategy) {
12.          this.strategy = strategy;
13. }
14.
15. public int getTemperatureInF() {
16.          return temperatureInF;
```

```
17. }
18.
19. public boolean getResult() {
20.          return strategy.checkTemperature(temperatureInF);
21. }
22.
23. }
```

O exemplo de demonstração cria um objeto *Context* com uma temperatura de 60 e com uma *SkiStrategy*. Mostra a temperatura do contexto e se essa temperatura é adequada para esquiar. Em seguida, define a *estratégia* no *contexto* como *HikeStrategy*. Em seguida, apresenta a temperatura do contexto e se essa temperatura é adequada para caminhadas.

```
1.              int temperatureInF = 60;
2.
3.              Strategy skiStrategy = new SkiStrategy();
4.              Context context = new Context(temperatureInF, skiStrategy);
5.
6.              System.out.println("Is the temperature (" + context.getTemperatureInF() + "F)
good for skiing? " + context.getResult());
7.
8.              Strategy hikeStrategy = new HikeStrategy();
9.              context.setStrategy(hikeStrategy);
10.
11.             System.out.println("Is the temperature (" + context.getTemperatureInF() + "F)
good for hiking? " + context.getResult());
12.
```

3.6. Padrão de comando

O padrão de comando é um padrão de conceção de objectos comportamentais. No padrão de comando, uma interface Command declara um método para executar uma determinada ação. As classes Concrete Command implementam o método execute() da interface Command, e este método execute() invoca o método de ação apropriado de uma classe Receiver que a classe Concrete Command contém. A classe Recetor executa uma determinada ação. Uma classe Cliente é responsável pela criação de um Comando Concreto e pela definição do Recetor do Comando Concreto. Uma classe Invocador contém uma referência a um Comando e tem um método para executar o Comando.

No padrão de comando, o invocador está dissociado da ação executada pelo recetor. O invocador não tem conhecimento do recetor. O invocador invoca um comando, e o comando executa a ação apropriada do recetor. Assim, o invocador pode invocar comandos sem conhecer os pormenores da ação a executar. Além disso, esta dissociação significa que as alterações à ação do recetor não afectam diretamente a invocação da ação.

O padrão de comando pode ser usado para executar a funcionalidade "desfazer". Neste caso, a interface Command deve incluir um método unexecute().

Aqui está um exemplo do padrão de comando. Temos uma interface *Command* com um método *execute()*.

```
1. public interface Command {
2.
3.   public void execute();
4.
5. }
```

LunchCommand implementa *Command*. Contém uma referência a *Lunch*, um recetor. O seu método *execute()* invoca a ação apropriada no recetor.

```
1. public class LunchCommand implements Command {
2.
3.   Lunch lunch;
4.
5.   public LunchCommand(Lunch lunch) {
6.           this.lunch = lunch;
7.   }
8.
9.   @Override
10. public void execute() {
11.          lunch.makeLunch();
12. }
13.
14. }
```

O DinnerCommand é semelhante ao LunchCommand. Contém uma referência a Dinner, um recetor. O seu método execute() invoca a ação *makeDinner()* do objeto *Dinner*.

```
1. public class DinnerCommand implements Command {
2.
3.   Dinner dinner;
4.
5.   public DinnerCommand(Dinner dinner) {
6.           this.dinner = dinner;
7.   }
8.
9.   @Override
10. public void execute() {
11.          dinner.makeDinner();
12. }
13.
14. }
```

O almoço é um recetor.

```
1. public class Lunch {
2.
3.   public void makeLunch() {
4.               System.out.println("Lunch is being made");
5.   }
6.
7. }
8.
```

O jantar é também um recetor.

```
1. public class Dinner {
2.
3.   public void makeDinner() {
4.               System.out.println("Dinner is being made");
5.   }
6.
7. }
```

MealInvoker é a classe do invocador. Contém uma referência à classe *Comando* a invocar. O seu método *invoke()* chama o método *execute()* da classe

Comando.

```
1. public class MealInvoker {
2.
3.   Command command;
4.
5.   public MealInvoker(Command command) {
6.               this.command = command;
7.   }
8.
9.   public void setCommand(Command command) {
10.              this.command = command;
11.  }
12.
13. public void invoke() {
14.              command.execute();
15.  }
16.
17. }
```

O exemplo de demonstração instancia um objeto *Lunch* (recetor) e cria um *LunchCommand* (comando concreto) com o *Lunch*. O *LunchCommand* é referenciado por uma referência de interface *Command*. Em seguida, executamos o mesmo procedimento nos objectos *Dinner* e *DinnerCommand*. Depois disso, criamos um objeto *MealInvoker* com *lunchCommand* e chamamos o método *invoke()* de mealInvoker. Depois disso, definimos o comando *de mealInvoker* para *dinnerCommand e*, mais uma vez, chamamos *invoke()* a *mealInvoker*.

```
1.        Lunch lunch = new Lunch(); // receiver
2.        Command  lunchCommand  =  new  LunchCommand(lunch);  //  concrete
command
3.
4.        Dinner dinner = new Dinner(); // receiver
5.        Command  dinnerCommand  =  new  DinnerCommand(dinner);  //  concrete
command
6.
7.        MealInvoker mealInvoker = new MealInvoker(lunchCommand); // invoker
8.        mealInvoker.invoke();
9.
10.       mealInvoker.setCommand(dinnerCommand);
11.       mealInvoker.invoke();
```

O invocador invoca um comando, mas não tem conhecimento direto da ação que está a ser executada pelo recetor.

3.7. Padrão de Estado

O padrão de estado é um padrão de design de objetos comportamentais. A idéia por trás do padrão de estado é que um objeto mude seu comportamento dependendo de seu estado. No padrão de estado, nós temos uma classe Contexto, e esta classe tem uma referência de Estado para uma instância de Estado Concreto. A interface State declara métodos específicos que representam os comportamentos de um determinado estado. Os Estados Concretos implementam esses comportamentos. Ao alterar o Estado Concreto de um Contexto, alteramos seu comportamento. Em essência, no padrão de estado, uma classe (o Contexto) deve se comportar como classes diferentes dependendo do seu estado. O padrão de estado evita o uso de instruções switch e if para mudar o comportamento.

Vamos dar uma olhada em um exemplo do padrão de estado. Primeiro, vamos definir a interface *EmotionalState*. Ela declara dois métodos, *sayHello()* e *sayGoodbye()*.

```
1. public interface EmotionalState {
2.
3.   public String sayHello();
4.
5.   public String sayGoodbye();
6.
7. }
```

A classe *HappyState* é um Estado Concreto que implementa *sayHello()* e *sayGoodbye()* de *EmotionalState*. Estas mensagens são alegres (representando um estado feliz).

```
1. public class HappyState implements EmotionalState {
2.
3.   @Override
4.   public String sayGoodbye() {
5.             return "Bye, friend!";
6.   }
7.
8.   @Override
9.   public String sayHello() {
10.             return "Hello, friend!";
11.  }
12.
13. }
```

A classe *SadState* também implementa a interface *EmotionalState*. As mensagens são tristes (representando um estado triste).

```
1. public class SadState implements EmotionalState {
2.
3.   @Override
4.   public String sayGoodbye() {
5.             return "Bye. Sniff, sniff.";
6.   }
7.
8.   @Override
9.   public String sayHello() {
10.             return "Hello. Sniff, sniff.";
11.  }
12.
13. }
```

A classe *Pessoa* é a classe *Contexto*. Ela contém uma referência *EmotionalState* para um estado concreto. Neste exemplo, fazemos com que Person implemente a referência *EmotionalState* e passamos as chamadas aos métodos *sayHello()* e *sayGoodbye()* de Person para os métodos correspondentes na referência *emotionalState*. Como resultado disto, um objeto *Person* comporta-se de forma diferente dependendo do estado de *Person* (ou seja, a referência *EmotionalState* atual).

```
1. public class Person implements EmotionalState {
2.
3.   EmotionalState emotionalState;
4.
5.   public Person(EmotionalState emotionalState) {
6.             this.emotionalState = emotionalState;
7.   }
8.
9.   public void setEmotionalState(EmotionalState emotionalState) {
10.             this.emotionalState = emotionalState;
11.  }
12.
13.  @Override
14.  public String sayGoodbye() {
15.             return emotionalState.sayGoodbye();
16.  }
17.
18.  @Override
19.  public String sayHello() {
20.             return emotionalState.sayHello();
21.  }
22.
23. }
```

O exemplo de demonstração cria um objeto *Person* com um objeto

HappyState. Apresentamos os resultados de *sayHello()* e *sayGoodbyte()* quando o objeto Person está no estado feliz. Em seguida, alteramos o estado do objeto Person com um objeto *SadState*. Apresentamos os resultados de *sayHello()* e *sayGoodbyte()* e vemos que, no estado triste, o comportamento do objeto pessoa é diferente.

```
1.          Person person = new Person(new HappyState());
2.          System.out.println("Hello in happy state: " + person.sayHello());
3.          System.out.println("Goodbye in happy state: " + person.sayGoodbye());
4.
5.          person.setEmotionalState(new SadState());
6.          System.out.println("Hello in sad state: " + person.sayHello());
7.          System.out.println("Goodbye in sad state: " + person.sayGoodbye());
```

Note que não precisamos necessariamente que o *Contexto* (ou seja, *a Pessoa*) implemente a interface *EmotionalState*. As alterações comportamentais poderiam ser internas ao Contexto em vez de expor os métodos *de EmotionalState* ao exterior. No entanto, o facto de a classe *Contexto* implementar a interface Estado permite-nos aceder diretamente aos diferentes comportamentos que resultam dos diferentes estados do *Contexto*.

3.8.Padrão do visitante

O padrão de visitante é um padrão de design de objeto comportamental. O padrão de visitante é utilizado para simplificar as operações em agrupamentos de objectos relacionados. Essas operações são executadas pelo visitante em vez de colocar esse código nas classes que estão sendo visitadas. Uma vez que as operações são executadas pelo visitante e não pelas classes visitadas, o código da operação fica centralizado no visitante em vez de ser espalhado pelo agrupamento de objectos, o que conduz à facilidade de manutenção do código. O padrão de visitante também evita o uso do operador *instanceof para* realizar cálculos em classes semelhantes.

No padrão de visitante, temos uma interface Visitor que declara métodos *visit()* para os vários tipos de elementos que podem ser visitados. Os visitantes concretos implementam os métodos *visit()* da interface Visitor. Os métodos *visit()* são as operações que devem ser executadas pelo visitante num elemento que está a ser visitado.

As classes relacionadas que serão visitadas implementam uma interface *Elemento* que declara um método accept() que recebe um visitante como argumento. Os elementos concretos implementam a interface Element e implementam o método *accept()*. No método accept(), o método *visit()* do visitante é chamado com 'this', o objeto atual do tipo Elemento Concreto.

Todos os elementos a visitar implementam o método *accept()* que recebe um visitante como argumento. Neste método, chamam o método *visit()* do visitante com 'this'. Como resultado disto, um elemento recebe um visitante e, em seguida, o visitante efectua a sua operação no elemento.

Vamos ilustrar o padrão de visitante com um exemplo. Primeiro, vamos definir uma interface *NumberVisitor*. Esta interface declara três métodos de visita que recebem diferentes tipos como argumentos. Note que se escrevêssemos apenas um método de visita, teríamos que usar o operador *instanceof* ou uma técnica similar para lidar com os diferentes tipos de elementos. No entanto, como temos métodos de visita separados, não precisamos do operador *instanceof*, pois cada método de visita trata um tipo diferente.

```java
1. public interface NumberVisitor {
2.
3.   public void visit(TwoElement twoElement);
4.
5.   public void visit(ThreeElement threeElement);
6.
7.   public void visit(List<NumberElement> elementList);
8.
9. }
```

Todas as classes de elementos a serem visitadas implementarão a interface *NumberElement*. Esta interface tem um único método que recebe um *NumberVisitor* como argumento.

```java
1. public interface NumberElement {
2.
3.   public void accept(NumberVisitor visitor);
4.
5. }
```

Vamos criar uma classe *TwoElement* que implementa *NumberElement*. Tem dois campos int. O seu método *accept()* chama o método *visit()* do visitante com 'this'. O operador a ser executado em *TwoElement* é executado pelo visitante.

```java
1. public class TwoElement implements NumberElement {
2.
3.   int a;
4.   int b;
5.
6.   public TwoElement(int a, int b) {
7.           this.a = a;
8.           this.b = b;
9.   }
10.
11.  @Override
12.  public void accept(NumberVisitor visitor) {
13.          visitor.visit(this);
14.  }
15.
16. }
```

A classe *ThreeElement* é semelhante a *TwoElement*, exceto que tem três campos int.

```java
1. public class ThreeElement implements NumberElement {
2.
3. int a;
4. int b;
5. int c;
6.
7. public ThreeElement(int a, int b, int c) {
8.             this.a = a;
9.             this.b = b;
10.            this.c = c;
11. }
12.
13. @Override
14. public void accept(NumberVisitor visitor) {
15.            visitor.visit(this);
16. }
17.
18. }
```

Agora, vamos criar um visitante chamado *SumVisitor* que implementa a interface *NumberVisitor*. Para objectos *TwoElement* e *ThreeElement*, este visitante somará os campos int. Para uma lista de *NumElements* (ou seja, objectos *TwoElement* e *ThreeElement*), este visitante irá iterar sobre os elementos e chamar os seus métodos *accept()*. Como resultado, o visitante executará operações de visita em todos os objectos *TwoElement* e *ThreeElement* que compõem a lista, uma vez que a chamada a *accept(), por sua* vez, chama os métodos de visita do visitante para os objectos *TwoElement* e *ThreeElement*.

```java
1. public class SumVisitor implements NumberVisitor {
2.
3. @Override
4. public void visit(TwoElement twoElement) {
5.            int sum = twoElement.a + twoElement.b;
6.            System.out.println(twoElement.a + "+" + twoElement.b + "=" + sum);
7. }
8.
9. @Override
10. public void visit(ThreeElement threeElement) {
11.            int sum = threeElement.a + threeElement.b + threeElement.c;
12.            System.out.println(threeElement.a  +  "+"  +  threeElement.b  +  "+"  +
threeElement.c + "=" + sum);
13. }

14.
15. @Override
16. public void visit(List<NumberElement> elementList) {
17.            for (NumberElement ne : elementList) {
18.                    ne.accept(this);
19.            }
20. }
21.
22. }
```

Aqui está outro visitante, *TotalSumVisitor*. Para além de somar os campos int e apresentar a soma, este visitante mantém um registo das somas totais de todos os elementos que são visitados.

```java
1. public class TotalSumVisitor implements NumberVisitor {
2.
3.   int totalSum = 0;
4.
5.   @Override
6.   public void visit(TwoElement twoElement) {
7.             int sum = twoElement.a + twoElement.b;
8.             System.out.println("Adding " + twoElement.a + "+" + twoElement.b + "=" +
sum + " to total");
9.             totalSum += sum;
10. }
11.
12. @Override
13. public void visit(ThreeElement threeElement) {
14.             int sum = threeElement.a + threeElement.b + threeElement.c;
15.             System.out.println("Adding " + threeElement.a + "+" + threeElement.b + "+" +
threeElement.c + "=" + sum + " to total");
16.             totalSum += sum;
17. }
18.
19. @Override
20. public void visit(List<NumberElement> elementList) {
21.             for (NumberElement ne : elementList) {
22.                     ne.accept(this);
23.             }
24. }
25.
26. public int getTotalSum() {
27.             return totalSum;
28. }
29.
30. }
```

Vamos ver o padrão visitante em ação. Ele cria dois objectos *TwoElement* e um objeto *ThreeElement*. Ele cria uma lista de *NumberElements* e adiciona o objeto *TwoElement* e o objeto *ThreeElement* à lista. Em seguida, criamos um *SumVisitor* e visitamos a lista com o *SumVisitor*. Depois disso, criamos um *TotalSumVisitor* e visitamos a lista com o *TotalSumVisitor*. Apresentamos a soma total através da chamada ao método *getTotalSum()* *do TotalSumVisitor*.

```java
1.            TwoElement two1 = new TwoElement(3, 3);
2.            TwoElement two2 = new TwoElement(2, 7);
3.            ThreeElement three1 = new ThreeElement(3, 4, 5);
4.
5.            List<NumberElement> numberElements = new ArrayList<NumberElement>();
6.            numberElements.add(two1);
7.            numberElements.add(two2);
8.            numberElements.add(three1);
9.
10.           System.out.println("Visiting element list with SumVisitor");
11.           NumberVisitor sumVisitor = new SumVisitor();
12.           sumVisitor.visit(numberElements);
13.
14.           System.out.println("\nVisiting element list with TotalSumVisitor");
15.           TotalSumVisitor totalSumVisitor = new TotalSumVisitor();
16.           totalSumVisitor.visit(numberElements);
17.           System.out.println("Total sum:" + totalSumVisitor.getTotalSum());
```

Repare-se que, se quisermos efetuar novas operações no agrupamento de elementos, basta escrever uma nova classe de visitante. Não teríamos de fazer quaisquer adições às classes de elementos existentes, uma vez que estas fornecem os dados mas nenhum código para as operações.

3.9.Padrão de Iterador

O padrão iterador é um padrão de design de objeto comportamental. O padrão iterador permite a passagem pelos elementos em um agrupamento de objetos através de uma interface padronizada. Uma interface Iterator define as ações que podem ser executadas. Estas acções incluem a possibilidade de percorrer os objectos e também de os obter.

Java apresenta a interface *java.util.Iterator*, amplamente utilizada, que é utilizada para iterar através de coisas como as colecções Java. Podemos escrever o nosso próprio iterador implementando *java.util.Iterator*. Esta interface apresenta os métodos *hasNext()*, *next()* e *remove()*. Ao escrever um iterador para uma classe, é muito comum que a classe do iterador seja uma classe interna da classe que gostaríamos de iterar.

Vejamos um exemplo disto. Temos uma classe Item, que representa um item num menu. Um item tem um nome e um preço.

```
1. public class Item {
2.
3.   String name;
4.   float price;
5.
6.   public Item(String name, float price) {
7.           this.name = name;
8.           this.price = price;
9.   }
10.
11. public String toString() {
12.           return name + ": $" + price;
13. }
14. }
```

Aqui está a classe *Menu*. Tem uma lista de itens de menu do tipo *Item*. Os itens podem ser adicionados através do método *addItem()*. O método *iterator()* devolve um iterador de itens de menu. A classe *MenuIterator* é uma classe interna de *Menu* que implementa a interface Iterator para objectos Item. Contém implementações básicas dos métodos *hasNext()*, *next()* e *remove()*.

```java
1. public class Menu {
2.
3.   List<Item> menuItems;
4.
5.   public Menu() {
6.           menuItems = new ArrayList<Item>();
7.   }
8.
9.   public void addItem(Item item) {
10.          menuItems.add(item);
11.  }
12.
13.  public Iterator<Item> iterator() {
14.          return new MenuIterator();
15.  }
16.
17.  class MenuIterator implements Iterator<Item> {
18.          int currentIndex = 0;
19.
20.          @Override
21.          public boolean hasNext() {
22.                  if (currentIndex >= menuItems.size()) {
23.                          return false;
24.                  } else {
25.                          return true;
26.                  }
27.          }
28.
29.          @Override
30.          public Item next() {
31.                  return menuItems.get(currentIndex++);
32.          }
33.
34.          @Override
35.          public void remove() {
36.                  menuItems.remove(--currentIndex);
37.          }
38.
39. }
40.
41. }
```

O exemplo das demonstrações cria três itens e adiciona-os ao objeto menu. Em seguida, obtém um iterador Item do objeto menu e repete os itens do menu. Depois disso, chama *remove()* para remover o último item obtido pelo iterador. Em seguida, obtém um novo objeto iterador do menu e, mais uma vez, repete a iteração sobre os itens do menu.

```
1.      Item i1 = new Item("spaghetti", 7.50f);
2.      Item i2 = new Item("hamburger", 6.00f);
3.      Item i3 = new Item("chicken sandwich", 6.50f);
4.
5.      Menu menu = new Menu();
6.      menu.addItem(i1);
7.      menu.addItem(i2);
8.      menu.addItem(i3);
9.
10.     System.out.println("Displaying Menu:");
11.     Iterator<Item> iterator = menu.iterator();
12.     while (iterator.hasNext()) {
13.             Item item = iterator.next();
14.             System.out.println(item);
15.     }
16.
17.     System.out.println("\nRemoving last item returned");
18.     iterator.remove();
19.
20.     System.out.println("\nDisplaying Menu:");
21.     iterator = menu.iterator();
22.     while (iterator.hasNext()) {
23.             Item item = iterator.next();
24.             System.out.println(item);
25.     }
```

Observe que, como o menu utiliza uma coleção Java, poderíamos ter usado um iterador obtido para a lista de menus em vez de escrever nosso próprio iterador como uma classe interna.

3.10. Padrão Memento

O padrão memento é um padrão de design comportamental. O padrão memento é utilizado para armazenar o estado de um objeto de modo a que este estado possa ser restaurado mais tarde. Os dados de estado guardados no objeto memento não são acessíveis fora do objeto a ser guardado e restaurado. Isto protege a integridade dos dados do estado guardado.

Neste padrão, uma classe Originator representa o objeto cujo estado gostaríamos de guardar. Uma classe Memento representa um objeto para armazenar o estado do Originador. A classe Memento é tipicamente uma classe interna privada do Originador. Como resultado, o Originador tem acesso aos campos do memento, mas as classes externas não têm acesso a esses campos. Isto significa que as informações de estado podem ser transferidas entre o Memento e o Originador dentro da classe Originador, mas as classes externas não têm acesso aos dados de estado armazenados no Memento.

O padrão memento também utiliza uma classe Caretaker. Este é o objeto responsável por armazenar e restaurar o estado do Originador através de um objeto Memento. Como o Memento é uma classe interna privada, o tipo da classe Memento não é visível para o Zelador. Como resultado, o objeto Memento tem de ser armazenado como um objeto no Caretaker.

Agora, vamos ver um exemplo. A classe *DietInfo* é a nossa classe Originator.

Gostaríamos de poder guardar e restaurar o seu estado. Contém 3 campos: um campo de nome da pessoa que está a fazer a dieta, o número do dia da dieta e o peso da pessoa que está a fazer a dieta no dia especificado da dieta.

Esta classe contém uma classe interna privada chamada Memento. Esta é a nossa classe Memento que é utilizada para guardar o estado da *InformaçãoDieta*. Memento tem 3 campos que representam o nome da pessoa que faz a dieta, o número do dia e o peso da pessoa que faz a dieta.

Repare no método *save()* de *DietInfo*. Este método cria e devolve um objeto Memento. Este objeto Memento devolvido é armazenado pelo responsável. Observe que *DietInfo.Memento* não é visível, portanto o zelador não pode fazer referência a *DietInfo.Memento*. Em vez disso, armazena a referência como um Objeto.

O método *restore()* de *DietInfo* é utilizado para restaurar o estado da *DietInfo*. O responsável passa o Memento (como um objeto). O memento é convertido num objeto Memento e, em seguida, o estado do objeto *DietInfo* é restaurado através da cópia dos valores do memento.

```
1. public class DietInfo {
2.
3.   String personName;
4.   int dayNumber;
5.   int weight;
6.
7.   public DietInfo(String personName, int dayNumber, int weight) {
8.           this.personName = personName;
9.           this.dayNumber = dayNumber;
10.          this.weight = weight;
11. }
12.
13. public String toString() {
14.          return "Name: " + personName + ", day number: " + dayNumber + ", weight: "
+ weight;
15. }
16.
17. public void setDayNumberAndWeight(int dayNumber, int weight) {
18.          this.dayNumber = dayNumber;
19.          this.weight = weight;
20. }
21.
22. public Memento save() {
23.          return new Memento(personName, dayNumber, weight);
24. }
25.
26. public void restore(Object objMemento) {
27.          Memento memento = (Memento) objMemento;
28.          personName = memento.mementoPersonName;
29.          dayNumber = memento.mementoDayNumber;
30.          weight = memento.mementoWeight;
31. }
32.
```

```
33. // memento - object that stores the saved state of the originator
34. private class Memento {
35.         String mementoPersonName;
36.         int mementoDayNumber;
37.         int mementoWeight;
38.
39.         public Memento(String personName, int dayNumber, int weight) {
40.                 mementoPersonName = personName;
41.                 mementoDayNumber = dayNumber;
42.                 mementoWeight = weight;
43.         }
44. }
45. }
```

DietInfoCaretaker é a classe de responsável que é utilizada para armazenar o estado (ou seja, o memento) de um objeto *DietInfo* (ou seja, o originador). O memento é armazenado como um objeto, uma vez que *DietInfo.Memento* não é visível para o responsável. Isto protege a integridade dos dados armazenados no objeto Memento. O método *saveState()* do responsável guarda o estado do objeto *DietInfo*. O método *restoreState()* do responsável restaura o estado do objeto *DietInfo*.

```
1. public class DietInfoCaretaker {
2.
3.   Object objMemento;
4.
5.   public void saveState(DietInfo dietInfo) {
6.           objMemento = dietInfo.save();
7.   }
8.
9.   public void restoreState(DietInfo dietInfo) {
10.          dietInfo.restore(objMemento);
11.  }
12.
13. }
```

O exemplo de demonstração cria um cuidador e depois um objeto *DietInfo*. O estado do objeto DietInfo é alterado e exibido. Em determinado momento, o zelador salva o estado do objeto *DietInfo*. Depois disso, o estado do objeto DietInfo é modificado e exibido novamente. Depois disso, o responsável restaura o estado do objeto *InformaçãoDieta*. Verificamos esta restauração exibindo o estado do objeto DietInfo.

```
1.       // caretaker
2.       DietInfoCaretaker dietInfoCaretaker = new DietInfoCaretaker();
3.
4.       // originator
```

```
5.          DietInfo dietInfo = new DietInfo("Fred", 1, 100);
6.          System.out.println(dietInfo);
7.
8.          dietInfo.setDayNumberAndWeight(2, 99);
9.          System.out.println(dietInfo);
10.
11.         System.out.println("Saving state.");
12.         dietInfoCaretaker.saveState(dietInfo);
13.
14.         dietInfo.setDayNumberAndWeight(3, 98);
15.         System.out.println(dietInfo);
16.
17.         dietInfo.setDayNumberAndWeight(4, 97);
18.         System.out.println(dietInfo);
19.
20.         System.out.println("Restoring saved state.");
21.         dietInfoCaretaker.restoreState(dietInfo);
22.         System.out.println(dietInfo);
```

PARTE II

PADRÕES DE CONCEPÇÃO EM ACÇÃO COM .NET: TEORIA DA PONTE E PRÁTICA A PARTIR DE UM OBJECTO-PERSPECTIVA ORIENTADA

Tomka Yu.Ya.
Ushenko Yu. O.

Introdução

Os padrões de conceção são soluções bem estabelecidas para problemas comuns na conceção de software. Os padrões de conceção Gang of Four (GOF), publicados em 1994, são um conjunto de 23 padrões de conceção amplamente utilizados na programação orientada para objectos.

Os padrões de conceção GOF continuam a ser relevantes no desenvolvimento Web atual. Fornecem um vocabulário comum para os programadores discutirem problemas e soluções de conceção. Também ajudam os programadores a criar código mais fácil de manter, escalável e reutilizável.

Algumas das vantagens da utilização de padrões de conceção GOF no desenvolvimento Web incluem:

• Melhoria da legibilidade e da manutenção do código: Os padrões de conceção fornecem um vocabulário comum para os programadores discutirem problemas e soluções de conceção. Isto pode tornar o código mais legível e fácil de manter, uma vez que os programadores podem facilmente compreender a intenção do código.

• Aumento da reutilização de código: Os padrões de conceção podem ser reutilizados em diferentes projectos, o que pode poupar tempo e esforço.

• Melhoria da escalabilidade: Os padrões de conceção podem ajudar a criar código mais escalável, uma vez que proporcionam uma forma de dissociar diferentes partes do código.

• Redução do tempo de desenvolvimento: Os padrões de conceção podem ajudar a reduzir o tempo de desenvolvimento, uma vez que os programadores podem utilizar padrões existentes em vez de terem de criar as suas próprias soluções.

Seguem-se alguns exemplos de padrões de conceção GOF que são normalmente utilizados no desenvolvimento Web:

1. Singleton:

Descrição: O Singleton garante que uma classe tem apenas uma instância.

Papel no desenvolvimento da Web:

- Utilizado para objectos que representam recursos globais, como uma ligação a uma base de dados.

- Proporciona consistência e controlo sobre o acesso aos recursos.

- Exemplo: Classe DatabaseConnection.

2. Peso mosca:

Descrição: O Flyweight optimiza a utilização da memória através do armazenamento e reutilização de objectos.

Papel no desenvolvimento da Web:

- Utilizado para armazenar em cache objectos frequentemente utilizados, como imagens ou fragmentos de texto.

- Reduz o espaço de memória de uma aplicação Web.

- Exemplo: guardar em cache imagens de avatares de utilizadores.

3. Comando:

Descrição: O comando encapsula um pedido como um objeto.

Papel no desenvolvimento da Web:

- Utilizado para implementar a funcionalidade de desfazer e refazer.

- Separa a lógica da IU da lógica comercial.

- Exemplo: cancelamento de envio de formulário.

4. Mediador:

Descrição: O mediador fornece uma gestão centralizada das interacções entre objectos.

Papel no desenvolvimento da Web:

- Utilizado para dissociar componentes da IU.

- Simplifica o código e torna-o mais legível.

- Exemplo: organizar a interação entre partes de janelas modais.

5. Estratégia:

Descrição: A estratégia permite alterações dinâmicas do comportamento do algoritmo.

Papel no desenvolvimento da Web:

- Utilizado para implementar várias opções de ordenação, filtragem ou outras operações.

- Oferece flexibilidade e extensibilidade.

- Exemplo: escolher um algoritmo de ordenação para uma lista de produtos.

Vamos prestar atenção aos padrões acima referidos. Vamos tentar compreendê-los, os aspectos básicos da sua implementação e a sua utilização nos aspectos práticos do desenvolvimento Web

2.1. SINGLETON

2.1.1. Padrão de desenho Singleton: Conceitos básicos e princípios de implementação

Singleton (Singleton) é um padrão de criação que garante que apenas um objeto será criado para uma determinada classe e também fornece um ponto de acesso a esse objeto.

Quando é que se deve utilizar o Singleton? Quando é necessário que uma classe tenha apenas uma instância

O Singleton permite-lhe criar um objeto apenas quando este é necessário. Se o objeto não for necessário, não será criado. Esta é a diferença entre um singleton e as variáveis globais.

```
1. class Singleton
2. {
3.     private static Singleton instance;
4.
5.     private Singleton()
6.     {}
7.
8.     public static Singleton getInstance()
9.     {
10.        if (instance == null)
11.            instance = new Singleton();
12.        return instance;
13.     }
14. }
```

A classe define uma variável estática - uma ligação a uma instância específica deste objeto e um construtor privado. No método estático getInstance(), este construtor é chamado para criar um objeto, a não ser, claro, que o objeto não exista e seja nulo.

Estrutura

A classe Singleton declara o método estático getInstance que devolve a mesma instância da sua própria classe.

O construtor do Singleton deve ser escondido do código do cliente. Chamar o método getInstance deve ser a única forma de obter o objeto Singleton.

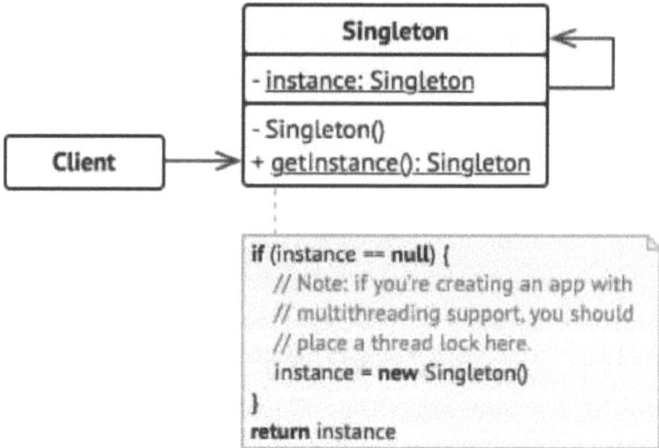

Para aplicar o padrão Singleton, vamos criar um pequeno programa. Por exemplo, cada computador só pode executar um sistema operativo de cada vez. Neste sentido, o sistema operativo será implementado através do padrão singleton:

```
 1. class Program
 2. {
 3.     static void Main(string[] args)
 4.     {
 5.         Computer comp = new Computer();
 6.         comp.Launch("Windows 11");
 7.         Console.WriteLine(comp.OS.Name);
 8.
 9.         // we won't be able to change the OS, since the object has already
been created
10.         comp.OS = OS.getInstance("Windows 12");
11.         Console.WriteLine(comp.OS.Name);

12.
13.         Console.ReadLine();
14.     }
15. }
16. class Computer
17. {
18.     public OS OS { get; set; }
19.     public void Launch(string osName)
20.     {
21.         OS = OS.getInstance(osName);
22.     }
23. }
24. class OS
25. {
26.     private static OS instance;
27.
28.     public string Name { get; private set; }
29.
30.     protected OS(string name)
31.     {
32.         this.Name=name;
33.     }
34.
35.     public static OS getInstance(string name)
36.     {
37.         if (instance == null)
38.             instance = new OS(name);
39.         return instance;
40.     }
41. }
```

Pseudocódigo

Neste exemplo, a classe de ligação à base de dados actua como um Singleton.
Esta classe não tem um construtor público, pelo que a única forma de obter o
seu objeto é chamar o método getInstance. Este método coloca em cache o
primeiro objeto criado e devolve-o em todas as chamadas subsequentes.

```
1. // The Database class defines the `getInstance` method that lets
2. // clients access the same instance of a database connection
3. // throughout the program.
4. class Database is
5.     // The field for storing the singleton instance should be
6.     // declared static.
7.     private static field instance: Database
8.
```

```
9.      // The singleton's constructor should always be private to
10.     // prevent direct construction calls with the `new`
11.     // operator.
12.     private constructor Database() is
13.         // Some initialization code, such as the actual
14.         // connection to a database server.
15.         // ...
16.
17.     // The static method that controls access to the singleton
18.     // instance.
19.     public static method getInstance() is
20.         if (Database.instance == null) then
21.             acquireThreadLock() and then
22.                 // Ensure that the instance hasn't yet been
23.                 // initialized by another thread while this one
24.                 // has been waiting for the lock's release.
25.                 if (Database.instance == null) then
26.                     Database.instance = new Database()
27.         return Database.instance
28.
29.     // Finally, any singleton should define some business logic
30.     // which can be executed on its instance.
31.     public method query(sql) is
32.         // For instance, all database queries of an app go
33.         // through this method. Therefore, you can place
34.         // throttling or caching logic here.
35.         // ...
36.
37. class Application is
38.     method main() is
39.         Database foo = Database.getInstance()
40.         foo.query("SELECT ...")
41.         // ...
42.         Database bar = Database.getInstance()
43.         bar.query("SELECT ...")
44.         // The variable `bar` will contain the same object as
45.         // the variable `foo`.
```

Singleton e multithreading

Ao aplicar o padrão singleton em programas multi-threaded, podemos encontrar um problema que pode ser descrito da seguinte forma:

```
1. static void Main(string[] args)
2. {
3.     (new Thread(() =>
4.     {
5.         Computer comp2 = new Computer();
6.         comp2.OS = OS.getInstance("Windows 12");
7.         Console.WriteLine(comp2.OS.Name);
8.
9.     })).Start();
10.
11.     Computer comp = new Computer();
12.     comp.Launch("Windows 11");
13.     Console.WriteLine(comp.OS.Name);
14.     Console.ReadLine();
15. }
```

Aqui é iniciada uma thread adicional que acede ao singleton. O código que inicia a thread e que também acessa o singleton é executado em paralelo. Assim, tanto a thread principal quanto a secundária tentam inicializar o singleton com o valor desejado - "Windows 10" ou "Windows 8.1". É impossível prever, neste caso, qual valor o sigleton receberá no final.

O resultado do programa pode ter o seguinte aspeto:

```
Windows 11
Windows 12
```

Ou isto:

```
Windows 11
Windows 11
```

Como resultado, deparamo-nos com o problema da inicialização de um singleton quando ambas as threads acedem simultaneamente ao código:

```
1. if (instance == null)
2.     instance = new OS(name);
```

Para resolver este problema, vamos reescrever a classe singleton da seguinte forma:

```
1. class OS
2. {
3.     private static OS instance;
4.
5.     public string Name { get; private set; }
6.     private static object syncRoot = new Object();
7.
8.     protected OS(string name)
9.     {
10.         this.Name = name;
11.     }
12.
13.     public static OS getInstance(string name)
14.     {
15.         if (instance == null)
16.         {
17.             lock (syncRoot)
18.             {
19.                 if (instance == null)
20.                     instance = new OS(name);
21.             }
22.         }
23.         return instance;
24.     }
25. }
```

Para evitar o acesso simultâneo ao código por diferentes threads, a secção crítica é encerrada num bloco de bloqueio.

OUTRAS IMPLEMENTAÇÕES DE SINGLETON

As implementações padrão gerais foram discutidas acima: implementações do padrão thread- unsafe e thread-safe. Mas há uma série de implementações adicionais que podem ser consideradas.

Implementação thread-safe sem usar lock

```
1. public class Singleton
2. {
3.     private static readonly Singleton instance = new Singleton();
4.
5.     public string Date { get; private set; }
6.
7.     private Singleton()
8.     {
9.         Date = System.DateTime.Now.TimeOfDay.ToString();
10.     }
11.

12.     public static Singleton GetInstance()
13.     {
14.         return instance;
15.     }
16. }
17.
```

Esta implementação também é segura para threads, o que significa que podemos utilizá-la em threads como esta:

```
1. (new Thread(() =>
2. {
3.     Singleton singleton1 = Singleton.GetInstance();
4.     Console.WriteLine(singleton1.Date);
5. })).Start();
6.
7. Singleton singleton2 = Singleton.GetInstance();
8. Console.WriteLine(singleton2.Date);
```

Implementação preguiçosa

Definir um objeto Singleton como um campo estático da classe abre caminho para criarmos uma implementação Lazy do padrão Singleton, ou seja, uma implementação onde os dados serão inicializados apenas antes de serem usados diretamente. Porque os campos estáticos são inicializados antes do primeiro acesso aos membros estáticos da classe e antes de chamar o construtor estático (se houver). No entanto, aqui podemos encontrar duas dificuldades.

Primeiro, uma classe singleton pode ter muitas variáveis estáticas. Talvez não acedamos de todo ao objeto singleton, mas utilizemos algumas outras variáveis estáticas:

```
1. public class Singleton
2. {
3.     private static readonly Singleton instance = new Singleton();
4.     public static string text = "hello";
5.     public string Date { get; private set; }
6.
7.     private Singleton()
8.     {
```

```
9.                    Console.WriteLine($"Singleton          ctor
{DateTime.Now.TimeOfDay}");
10.            Date = System.DateTime.Now.TimeOfDay.ToString();
11.        }
12.
13.        public static Singleton GetInstance()
14.        {
15.            Console.WriteLine($"GetInstance {DateTime.Now.TimeOfDay}");
16.            Thread.Sleep(500);
17.            return instance;
18.        }
19. }
20. class Program
21. {
22.        static void Main(string[] args)
23.        {
24.            Console.WriteLine($"Main {DateTime.Now.TimeOfDay}");
25.            Console.WriteLine(Singleton.text);
26.        }
27. }
```

Neste caso, apenas a variável de texto é acedida, mas o campo de instância estático também será inicializado. Por exemplo, a saída da consola neste caso poderia ter o seguinte aspeto:

```
Singleton ctor 16:05:54.1469982
Main 16:05:54.2920316
hello
```

Neste caso, vemos que a instância do campo estático é inicializada.

Para resolver este problema, vamos selecionar uma classe interna separada dentro da classe singleton:

```
1. public class Singleton
2. {
3.        public string Date { get; private set; }
4.        public static string text = "hello";
5.        private Singleton()
6.        {
7.                    Console.WriteLine($"Singleton          ctor
{DateTime.Now.TimeOfDay}");
8.            Date = DateTime.Now.TimeOfDay.ToString();
```

```
9.    }
10.
11.    public static Singleton GetInstance()
12.    {
13.        Console.WriteLine($"GetInstance {DateTime.Now.TimeOfDay}");
14.        return Nested.instance;
15.    }
16.
17.    private class Nested
18.    {
19.        internal static readonly Singleton instance = new Singleton();
20.    }
21. }
22. class Program
23. {
24.    static void Main(string[] args)
25.    {
26.        Console.WriteLine($"Main {DateTime.Now.TimeOfDay}");
27.        Console.WriteLine(Singleton.text);
28.    }
29. }
30.
```

Agora, a variável estática que representa o objeto singleton é definida na
classe aninhada Nested. Para que esta variável seja acessível a partir da classe
Singleton, tem o modificador internal, enquanto a própria classe Nested tem
o modificador private, o que garante que esta classe só será acessível a partir
da classe Singleton.

A saída da consola neste caso pode ter o seguinte aspeto:

```
Main 16:11:40.1320873

hello
```

Implementação através da classe Lazy<T>

Outra forma de criar um singleton é usar a classe Lazy<T>:

```
1. public class Singleton
2. {
3.     private static readonly Lazy<Singleton> lazy =
4.         new Lazy<Singleton>(() => new Singleton());
5.
6.     public string Name { get; private set; }
7.
8.     private Singleton()
9.     {
10.        Name = System.Guid.NewGuid().ToString();
11.    }
12.
13.    public static Singleton GetInstance()
14.    {
15.        return lazy.Value;
16.    }
17. }
18.
```

Como implementar

1. Adicione um campo estático privado à classe para armazenar a instância
singleton.

2. Declare um método de criação estático público para obter a instância
singleton.

3. Implemente a "inicialização preguiçosa" dentro do método estático. Este deve criar um novo objeto na sua primeira chamada e colocá-lo no campo estático. O método deve sempre retornar essa instância em todas as chamadas subsequentes.

4. Tornar o construtor da classe privado. O método estático da classe continuará a poder chamar o construtor, mas não os outros objectos.

5. Reveja o código do cliente e substitua todas as chamadas directas ao construtor do singleton por chamadas ao seu método de criação estático.

Relações com outros padrões

• Uma classe de fachada pode frequentemente ser transformada num Singleton, uma vez que um único objeto de fachada é suficiente na maioria dos casos.

• O Flyweight assemelhar-se-ia ao Singleton se, de alguma forma, se conseguisse reduzir todos os estados partilhados dos objectos a apenas um objeto Flyweight. Mas há duas diferenças fundamentais entre estes padrões: - Deve haver apenas uma instância Singleton, enquanto uma classe Flyweight pode ter várias instâncias com diferentes estados intrínsecos.

- O objeto Singleton pode ser mutável. Os objectos Flyweight são imutáveis. Abstract Factories, Builders e Prototypes podem ser implementados como Singletons.

ф Prós e contras

\É possível ter a certeza de que uma classe tem apenas uma única instância.

\Obtém um ponto de acesso global a essa instância.

\O objeto singleton é inicializado apenas quando é solicitado pela primeira vez.

X viola o *princípio da responsabilidade única. O* padrão resolve dois problemas ao mesmo tempo.

X O padrão Singleton pode mascarar uma má conceção, por exemplo, quando os componentes do programa sabem demasiado uns sobre os outros.

X O padrão requer um tratamento especial num ambiente multithread para que vários threads não criem um objeto singleton várias vezes.

X Pode ser difícil testar unitariamente o código cliente do Singleton porque muitas estruturas de teste rejeitam a herança ao produzir objectos de simulação. Como o construtor da classe singleton é privado e a substituição de métodos estáticos é impossível na maioria das linguagens, você precisará pensar em uma maneira criativa de simular o singleton. Ou simplesmente não escrever os testes. Ou não usar o padrão Singleton.

2.1.2. Exemplos em tempo real do padrão de conceção singleton em C#

2.1.2.1.   Exemplo em tempo real do padrão de design Singleton em C#: Gerenciamento de conexões de banco de dados

Em muitas aplicações, a gestão eficiente das ligações à base de dados é crucial. Criar uma nova ligação sempre que é necessário aceder aos dados pode ser demorado e exigir muitos recursos. A reutilização de uma ligação ou a gestão de um conjunto de ligações pode ser mais eficiente. O padrão Singleton pode ser usado para gerenciar essa conexão ou pool compartilhado. Aqui está uma implementação simplificada de um gerenciador de conexão de banco de dados usando o padrão Singleton em C#:

```
1. using System;
2. using System.Data.SqlClient;
3.
4. namespace SingletonDesignPattern
5. {
6.     public class DatabaseConnectionManager
7.     {
8.         // Static variable to hold the single instance of the class
9.         private static readonly DatabaseConnectionManager _instance = new DatabaseConnectionManager();
10.
11.         // SqlConnection object
12.         private SqlConnection _connection;
13.
14.         // Private constructor to prevent external instantiation
15.         private DatabaseConnectionManager()
16.         {
17.             // Initialize the SqlConnection object here. For simplicity, connection string is hardcoded.
18.             _connection = new SqlConnection("YourConnectionStringHere");
19.         }
20.
21.         // Public property to access the single instance
22.         public static DatabaseConnectionManager Instance
23.         {
24.             get
25.             {
26.                 return _instance;
27.             }
28.         }
29.
30.         // Method to open the connection
```

```
31.        public void OpenConnection()
32.        {
33.         if (_connection.State == System.Data.ConnectionState.Closed)
34.            {
35.                _connection.Open();
36.            }
37.        }
38.
39.        // Method to close the connection
40.        public void CloseConnection()
41.        {
42.          if (_connection.State == System.Data.ConnectionState.Open)
43.            {
44.                _connection.Close();
45.            }
46.        }
47.
48.        // Method to get the SqlConnection object for executing
commands
49.        public SqlConnection GetConnection()
50.        {
51.            return _connection;
52.        }
53.    }
54.
55.    //Client Code
56.    //Testing the Singleton Design Pattern
57.    public class Program
58.    {
59.        public static void Main()
60.        {
61.            DatabaseConnectionManager.Instance.OpenConnection();
62.            SqlCommand command = new SqlCommand("Your SQL Query Here",
DatabaseConnectionManager.Instance.GetConnection());
63.            // ... Execute command ...
64.            DatabaseConnectionManager.Instance.CloseConnection();
65.
66.            Console.ReadKey();
67.        }
68.    }
69. }
70.
```

Neste exemplo:

• DatabaseConnectionManager é a nossa classe Singleton.

• O construtor é privado, garantindo que nenhuma classe externa o possa instanciar.

• Uma instância estática da classe é inicializada uma vez e é utilizada durante todo o ciclo de vida da aplicação.

• Existem métodos para abrir e fechar a ligação e recuperar o objeto SqlConnection para executar comandos.

Esse design garante que a mesma conexão de banco de dados seja reutilizada, promovendo o uso eficiente de recursos. No entanto, um mecanismo de pooling de ligações mais sofisticado seria provavelmente utilizado numa aplicação real de grande escala, que também pode beneficiar do Singleton para gerir o pool.

2.1.2.2. Exemplo em tempo real do padrão de design Singleton em C#: Balanceadores de carga

Os balanceadores de carga distribuem o tráfego de entrada da rede por vários servidores para garantir uma utilização óptima dos recursos, minimizar o tempo de resposta e evitar a sobrecarga de um único servidor. Em software, um objeto de balanceador de carga poderia gerir uma lista de servidores disponíveis e fornecer o servidor seguinte para um pedido de cliente com base em vários algoritmos (como Round Robin, Least Connections, etc.). Usar o padrão Singleton para esse balanceador de carga garante que a lista de servidores e o algoritmo escolhido permaneçam consistentes em todas as fontes de solicitação. Aqui está uma implementação simples de um balanceador de carga baseado em software usando o padrão Singleton em C#:

```
1. using System;
2. using System.Collections.Generic;
3.
4. namespace SingletonDesignPattern
5. {
6.     public class LoadBalancer
7.     {
8.         // Static instance for Singleton
9.         private static readonly Lazy<LoadBalancer> _instance = new
Lazy<LoadBalancer>(() => new LoadBalancer());
10.
11.         private List<string> servers = new List<string>();
12.         private Random random = new Random();
13.
14.         // Private constructor to prevent external instantiation and
to initialize server list
15.         private LoadBalancer()
16.         {
```

```
17.         // Add some server addresses to the list for this example
18.         servers.Add("Server1");
19.         servers.Add("Server2");
20.         servers.Add("Server3");
21.         servers.Add("Server4");
22.         servers.Add("Server5");
23.     }
24.
25.     // Public method to get next server
26.     public string GetNextServer()
27.     {
28.         int index = random.Next(servers.Count);
29.         return servers[index];
30.     }
31.
32.     // Public property to access the Singleton instance
33.     public static LoadBalancer Instance => _instance.Value;
34. }
35.
36. //Client Code
37. //Testing the Singleton Design Pattern
38. public class Program
39. {
40.     public static void Main()
41.     {
42.         // Usage:
43.         // Get the next server to handle a client request
44.         for(int i = 1; i < 6; i++)
45.         {
46.             string server = LoadBalancer.Instance.GetNextServer();
47.             Console.WriteLine($"Redirecting client to: {server}");
48.         }
49.
50.         Console.ReadKey();
51.     }
52. }
53. }
```

Neste exemplo do LoadBalancer:

• A classe LoadBalancer actua como Singleton para fornecer o próximo servidor disponível para os pedidos dos clientes.

• A lista de servidores é definida de forma estática neste exemplo. Em cenários do mundo real, esta lista pode ser preenchida dinamicamente.

• O método GetNextServer selecciona aleatoriamente um servidor da lista. Podem ser aplicados diferentes algoritmos com base nos requisitos.

Utilizando o padrão Singleton para o balanceador de carga:

• A aplicação assegura um método consistente de seleção de servidores para todos os pedidos recebidos.

• Existe um ponto centralizado para gerir a lista de servidores disponíveis e qualquer lógica associada.

• A sobrecarga potencial associada à obtenção ou determinação dinâmica da lista de servidores para cada pedido é minimizada.

• Fornece uma forma fácil de implementar funcionalidades como controlos de saúde do servidor ou adição/remoção dinâmica de servidores.

Esse padrão de balanceador de carga baseado em software pode beneficiar arquiteturas de microsserviços, sistemas distribuídos ou qualquer lugar em que seja necessário um único ponto para distribuir solicitações entre vários recursos. No entanto, lembre-se de que este é um exemplo simplificado. Os balanceadores de carga de nível de produção terão mais recursos, tratamento de erros, algoritmos e mecanismos de verificação de integridade.

2.1.2.3. Exemplo em tempo real do padrão de design Singleton em C#: Gerenciamento de configuração de aplicativos

Muitas aplicações têm configurações que precisam de ser carregadas a partir de ficheiros, bases de dados ou serviços externos. Estas configurações podem incluir chaves de API, cadeias de ligação a bases de dados, definições de aplicações, etc. É benéfico carregar essas configurações uma vez e fornecer um ponto de acesso central em toda a aplicação para garantir consistência e desempenho. Veja como um padrão Singleton pode ser usado para o gerenciamento de configuração em C#:

```
1. using System.Collections.Generic;
2. using System.IO;
3. //Install Newtonsoft.Json Package from NuGet
4. using Newtonsoft.Json;
5. using System;
6. namespace SingletonDesignPattern
7. {
8.     public class AppConfig
9.     {
10.         // Static instance for Singleton
```

```
11.        private static readonly AppConfig _instance = new AppConfig();
12.
13.        // Dictionary to hold configuration data
14.        private Dictionary<string, string> settings;
15.
16.        // Private constructor to prevent external instantiation
17.        private AppConfig()
18.        {
19.            LoadConfiguration();
20.        }
21.
22.         // Load configuration data from a file (or database, web
service, etc.)
23.        private void LoadConfiguration()
24.        {
25.                        string    configFileContent    =
File.ReadAllText("appsettings.json");
26.            settings = JsonConvert.DeserializeObject<Dictionary<string,
string>>(configFileContent);
27.        }
28.
29.        // Public property to access the Singleton instance
30.        public static AppConfig Instance => _instance;
31.
32.        // Get a specific setting by key
33.        public string GetSetting(string key)
34.        {
35.            settings.TryGetValue(key, out var value);
36.            return value;
37.        }
38.    }
39.
40.    //Client Code
41.    //Testing the Singleton Design Pattern
42.    public class Program
43.    {
44.        public static void Main()
45.        {
46.                        string    apiEndpoint    =
AppConfig.Instance.GetSetting("ApiEndpoint");
47.
48.            Console.ReadKey();
49.        }
50.    }
51. }
```

Neste exemplo:

1. AppConfig é a nossa classe Singleton.

2. As configurações são carregadas durante a primeira instanciação a partir de um ficheiro denominado "appsettingsjson" utilizando a biblioteca Newtonsoft.Json.

Este é um exemplo simples; em aplicações reais, a fonte das configurações pode ser diferente.

3. O construtor é privado para garantir que não há instanciação externa.

4. Existe uma instância estática que as aplicações utilizam para aceder a configurações.

Ao utilizar o padrão Singleton para este cenário, garantimos que:

5. As configurações são carregadas apenas uma vez, independentemente do número de partes da aplicação que as solicitem.

6. Existe um único ponto de verdade para os valores de configuração.

7. Poupamos em I/O ou noutras operações dispendiosas associadas ao recarregamento de configurações.

Esta é uma abordagem comum em muitas aplicações para garantir a consistência e o desempenho relativamente às configurações das aplicações.

2.1.2.4. Exemplo em tempo real do padrão de design Singleton em C#: Gerenciamento de sessão de usuário

Em algumas aplicações, especialmente as baseadas no ambiente de trabalho, o rastreio das informações da sessão do utilizador (como nomes de utilizador, funções ou preferências) em várias partes da aplicação pode ser crítico. O uso do padrão Singleton garante que a sessão do usuário seja gerenciada de forma consistente. Aqui está uma representação do gerenciamento da sessão do usuário usando o padrão Singleton em C#:

```
1. using System;
2. namespace SingletonDesignPattern
3. {
4.     public class UserSession
5.     {
6.         // Static instance for Singleton
7.             private static readonly UserSession _instance = new UserSession();
8.
9.         // Properties to represent session data
10.         public string Username { get; private set; }
```

```csharp
11.        public string[] Roles { get; private set; }
12.        // ... Other session-related properties ...
13.
14.        // Private constructor to prevent external instantiation
15.        private UserSession() { }
16.
17.        // Public method to initialize session
18.        public void Initialize(string username, string[] roles)
19.        {
20.            Username = username;
21.            Roles = roles;
22.            // ... Initialization of other properties ...
23.        }
24.
25.        // Public method to clear session (e.g., on logout)
26.        public void Clear()
27.        {
28.            Username = null;
29.            Roles = null;
30.            // ... Clear other properties ...
31.        }
32.
33.        // Public property to access the Singleton instance
34.        public static UserSession Instance => _instance;
35.    }
36.
37.    //Client Code
38.    //Testing the Singleton Design Pattern
39.    public class Program
40.    {
41.        public static void Main()
42.        {
43.            // Initialize the session after a user logs in
44.          UserSession.Instance.Initialize("JohnDoe", new[] { "Admin", "User" });
45.
46.            // Access session information from anywhere in the app
47.            string currentUser = UserSession.Instance.Username;
48.
49.            // Clear the session when a user logs out
50.            UserSession.Instance.Clear();
51.
52.            Console.ReadKey();
53.        }
54.    }
55. }
```

Neste exemplo de UserSession:

• A classe UserSession actua como Singleton para gerir os dados da sessão.

• As propriedades relacionadas com a sessão, como o nome de utilizador e as funções, são encapsuladas no Singleton.

• O construtor privado assegura o comportamento Singleton e uma instância estática fornece um ponto de acesso global.

• Métodos públicos como Initialize e Clear são fornecidos para gerir o ciclo de vida da sessão.

Utilizando o padrão Singleton para a gestão da sessão do utilizador:

• A aplicação tem um mecanismo consistente para aceder e manipular os dados da sessão do utilizador.

• Garante que existe apenas uma "fonte de verdade" para os dados da sessão, evitando potenciais discrepâncias.

• A inicialização, o acesso e a limpeza da sessão são centralizados, tornando o fluxo da aplicação mais compreensível e gerível.

Lembre-se que este exemplo se adequa a cenários específicos (como aplicações de ambiente de trabalho) em que a gestão de sessões numa única instância é adequada. Para aplicações Web, as sessões são normalmente geridas de forma diferente devido à natureza sem estado do HTTP e à presença de vários clientes.

2.1.2.5. Exemplo em tempo real do padrão de design Singleton em C#: Gerenciador de notificações

Em muitas aplicações Web e de desktop, um mecanismo centralizado para gerenciar notificações (como erros, alertas do sistema ou mensagens do usuário) pode ser valioso. O padrão Singleton pode garantir uma maneira unificada de lidar com essas notificações em diferentes componentes. Aqui está uma implementação simples de um Gerenciador de Notificações usando o padrão Singleton em C#:

```
1. using System;
2. using System.Collections.Generic;
3. namespace SingletonDesignPattern
4. {
5.     public class NotificationManager
6.         {
```

```
7.          // Static instance for Singleton
8.          private static readonly NotificationManager _instance = new
NotificationManager();
9.
10.         // List to hold notifications
11.         private List<string> notifications;
12.
13.         // Private constructor to prevent external instantiation
14.         private NotificationManager()
15.         {
16.             notifications = new List<string>();
17.         }
18.
19.         // Public method to add a notification
20.         public void AddNotification(string message)
21.         {
22.             notifications.Add(message);
23.             // Optionally, you could trigger an event or update a UI
element here
24.         }
25.
26.         // Public method to retrieve all notifications
27.         public IEnumerable<string> GetNotifications()
28.         {
29.             return notifications.AsReadOnly();
30.         }
31.
32.         // Public method to clear notifications
33.         public void ClearNotifications()
34.         {
35.             notifications.Clear();
36.         }
37.
38.         // Public property to access the Singleton instance
39.         public static NotificationManager Instance => _instance;
40.     }
41.
42.     //Client Code
43.     //Testing the Singleton Design Pattern
44.     public class Program
45.     {
46.         public static void Main()
47.         {
48.             // Add a notification
49.             NotificationManager.Instance.AddNotification("Low disk
space!");
50.
51.             // Fetch notifications to display or process
52.                             var currentNotifications =
NotificationManager.Instance.GetNotifications();
53.
54.             Console.ReadKey();
55.         }
56.     }
57. }
```

Neste exemplo do NotificationManager:

• A classe NotificationManager é o Singleton concebido para gerir as notificações.

• As notificações são armazenadas numa lista. Diferentes partes do código podem adicionar notificações a esta lista à medida que a aplicação é executada.

• Existem métodos públicos para adicionar, recuperar e limpar notificações.

Ao utilizar o padrão Singleton para o Gestor de Notificações:

• As notificações são centralizadas, assegurando uma gestão e apresentação consistentes em toda a aplicação.

• Várias partes da aplicação podem adicionar notificações sem conflitos ou a necessidade de mecanismos de gestão separados.

• A recuperação e o processamento de todo o conjunto de notificações torna-se simples, quer seja para as apresentar numa interface de utilizador, para as registar ou para outros fins.

Este gestor oferece uma abordagem coesa para tratar alertas, mensagens ou outras notificações ao longo do ciclo de vida de uma aplicação.

2.1.2.5. Exemplo em tempo real do padrão de design Singleton em C#: Localizador de serviços

Um Service Locator é um padrão de design utilizado para localizar serviços utilizados por aplicações. Este padrão é particularmente útil para desacoplar componentes de aplicações, pois permite que um componente recupere um serviço sem conhecer o seu tipo concreto, apenas a sua interface. Uma implementação Singleton garante que os registos e resoluções de serviços são consistentes em toda a aplicação. Aqui está um exemplo de um Localizador de Serviços implementado com o padrão Singleton em C#:

```
1. using System;
2. using System.Collections.Generic;
```

```csharp
3. namespace SingletonDesignPattern
4. {
5.     public class ServiceLocator
6.     {
7.         // Static instance for Singleton
8.             private static readonly ServiceLocator _instance = new
ServiceLocator();
9.
10.         // Dictionary to hold services
11.         private Dictionary<Type, object> services;
12.
13.         // Private constructor to prevent external instantiation
14.         private ServiceLocator()
15.         {
16.             services = new Dictionary<Type, object>();
17.         }
18.
19.         // Public method to register a service
20.         public void RegisterService<T>(T service)
21.         {
22.             Type type = typeof(T);
23.             if (!services.ContainsKey(type))
24.             {
25.                 services[type] = service;
26.             }
27.             else
28.             {
29.                     throw new ArgumentException($"Service of type
{type.FullName} is already registered.");
30.             }
31.         }
32.
33.         // Public method to get a service
34.         public T GetService<T>()
35.         {
36.             Type type = typeof(T);
37.             if (services.TryGetValue(type, out var service))
38.             {
39.                 return (T)service;
40.             }
41.             else
42.             {
43.                 throw new InvalidOperationException($"Service of type
{type.FullName} is not registered.");
44.             }
45.         }
46.
47.         // Public property to access the Singleton instance
48.         public static ServiceLocator Instance => _instance;
49.     }
50.
51.     // Define some service and interface
52.     public interface ILogger
53.     {
54.         void Log(string message);
55.     }
56.
```

```
57.    public class ConsoleLogger : ILogger
58.    {
59.        public void Log(string message)
60.        {
61.            Console.WriteLine(message);
62.        }
63.    }
64.
65.    //Client Code
66.    //Testing the Singleton Design Pattern
67.    public class Program
68.    {
69.        public static void Main()
70.        {
71.            // Registering and using the service
72.                ServiceLocator.Instance.RegisterService<ILogger>(new
ConsoleLogger());
73.            var logger = ServiceLocator.Instance.GetService<ILogger>();
74.            logger.Log("This is a test message.");
75.
76.            Console.ReadKey();
77.        }
78.    }
79. }
```

Neste exemplo de ServiceLocator:

76. A classe ServiceLocator funciona como o Singleton para registar e obter serviços.

77. Os serviços são armazenados num dicionário e podem ser registados e recuperados pelo seu tipo.

78. Os métodos RegisterService e GetService permitem adicionar e aceder a serviços.

Ao utilizar o padrão Singleton para o Localizador de Serviços:

79. Asseguramos um mecanismo consistente e aplicável a toda a aplicação para

registo e acesso aos serviços.

80. Diferentes partes da aplicação podem aceder sem problemas aos serviços sem instanciação direta, promovendo um acoplamento flexível.

81. Fornece um ponto centralizado para gerir e alargar os comportamentos relacionados com o serviço.

Enquanto o padrão Service Locator (e especialmente sua forma Singleton) pode oferecer benefícios como desacoplamento, ele tem seus críticos. Os detratores frequentemente apontam que ele pode obscurecer as dependências, tornando os testes e a compreensão da aplicação mais desafiadores. Portanto, considere os prós e os contras e certifique-se de que ele se encaixa corretamente em suas necessidades específicas.

2.2. PESO DE VÔO

2.2.1. Padrão de desenho do mediador: Conceitos básicos e princípios de implementação

O padrão Flyweight é um padrão de design estrutural que permite que os objectos partilhados sejam utilizados em vários contextos ao mesmo tempo. Esse padrão é usado principalmente para otimizar o gerenciamento de memória.

O exemplo seguinte pode ser dado como uma aplicação padrão deste padrão. O texto é constituído por caracteres individuais. Cada carácter pode aparecer muitas vezes numa página de texto. No entanto, seria demasiado dispendioso para um programa de computador atribuir memória a cada um dos caracteres do texto. Seria muito mais fácil definir o conjunto completo de caracteres, por exemplo, sob a forma de uma tabela de 128 caracteres (caracteres alfanuméricos em diferentes casos, sinais de pontuação, etc.). E, no texto, utilizar este conjunto de caracteres comuns partilhados, em vez de centenas e milhares de objectos que poderiam ser utilizados no texto. Como consequência desta abordagem, haverá uma redução do número de objectos utilizados e uma redução da memória utilizada.

O modelo Accommodator deve ser utilizado quando todas as condições seguintes são satisfeitas:

Quando uma aplicação utiliza um grande número de objectos monótonos, o que provoca a atribuição de uma grande quantidade de memória

Quando parte do estado de um objeto, que é mutável, pode ser externalizado. A externalização do estado permite-lhe substituir muitos objectos por um pequeno grupo de objectos comuns partilhados.

O ponto-chave aqui é separar o estado em interno e externo. O estado interno é independente do contexto. No exemplo dos símbolos, o estado interno é descrito pelo código de símbolo da tabela de codificação. Uma vez que o estado interno não depende do contexto, pode ser partilhado e, por conseguinte, é executado em objectos partilhados.

O estado externo depende do contexto e é suscetível de ser alterado. Quando aplicado a caracteres, o estado externo pode representar a posição do carácter na página. Ou seja, o código de carácter pode ser utilizado por muitos caracteres, enquanto a posição na página será individual para cada carácter.

Ao criar um oportunista, o estado externo é removido. No oportunista, apenas o estado interno permanece. Ou seja, no exemplo com símbolos, o oportunista armazenará o código do símbolo.

As relações neste padrão podem ser descritas no diagrama seguinte:

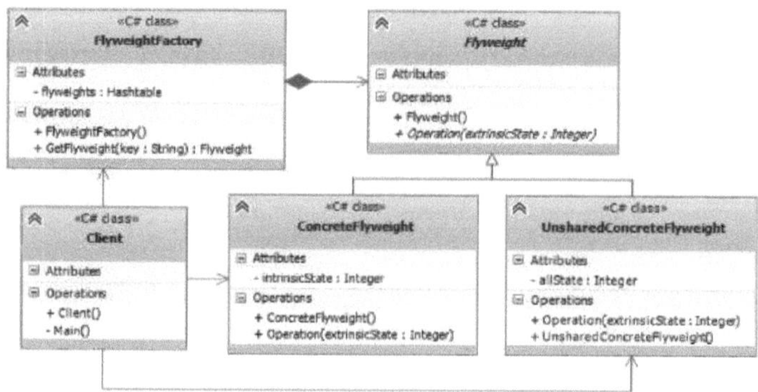

Participantes

- Flyweight: define a interface através da qual os adaptadores partilhados podem receber ou afetar o estado externo

- ConcreteFlyweight: uma classe concreta de um aparelho separável. Ela implementa a interface declarada no tipo Flyweight e adiciona estado interno conforme necessário. E qualquer estado que armazene deve ser interno, independente do contexto

- UnsharedConcreteFlyweight: outra implementação concreta da interface definida no tipo Flyweight, só que agora os objectos desta classe são não partilhados

- FlyweightFactory: uma fábrica de dispositivos - cria objectos de dispositivos separáveis. Uma vez que os dispositivos são partilhados, o cliente não tem de os criar diretamente. Todos os objectos criados são armazenados num conjunto. O exemplo acima usa um objeto Hashtable para definir o conjunto, mas isso não é necessário. Também podem ser utilizadas outras classes de coleção. No entanto, dependendo da complexidade da estrutura que armazena os objectos partilhados, especialmente se tivermos um grande número de dispositivos, pode demorar mais tempo a encontrar o dispositivo certo - provavelmente uma das poucas desvantagens deste padrão. Se a instalação pedida não estiver no conjunto, a fábrica cria uma.

- Cliente: Utiliza objectos de instalação. Pode armazenar estado externo e passá-lo como argumentos para métodos de fixaçãoYnacTHnKH

Estrutura

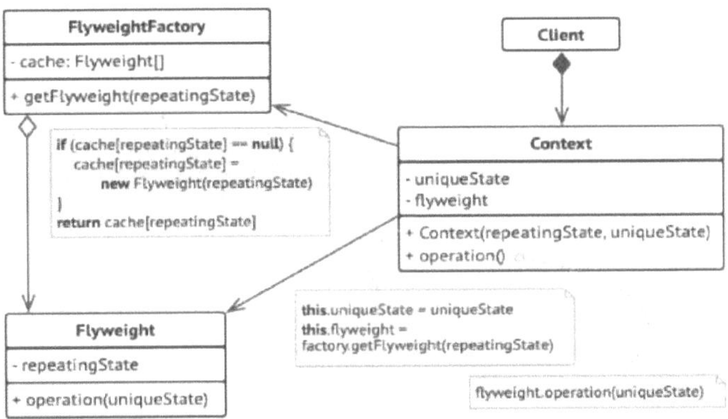

1. O padrão Flyweight é apenas uma otimização. Antes de aplicá-lo, certifique-se de que seu programa tem o problema de consumo de RAM relacionado a ter um grande número de objetos similares na memória ao mesmo tempo. Certifique-se de que esse problema não pode ser resolvido de nenhuma outra forma significativa.

2. A classe Flyweight contém a parte do estado do objeto original que pode ser partilhada entre vários objectos. O mesmo objeto flyweight pode ser utilizado em muitos contextos diferentes. O estado armazenado dentro de um flyweight é chamado de intrínseco. O estado passado para os métodos do flyweight é chamado de extrínseco.

3. A classe Contexto contém o estado extrínseco, único em todos os objectos originais. Quando um contexto é emparelhado com um dos objectos flyweight, representa o estado completo do objeto original.

4. Normalmente, o comportamento do objeto original permanece na classe flyweight. Nesse caso, quem chama o método de um flyweight também deve passar as partes apropriadas do estado extrínseco para os parâmetros do método. Por outro lado, o comportamento pode ser movido para a classe de contexto, que utilizaria o flyweight ligado apenas como um objeto de dados.

5. O cliente calcula ou armazena o estado extrínseco dos pesos-moscas. Do ponto de vista do cliente, um peso volante é um objeto modelo que pode ser configurado em tempo de execução, passando alguns dados contextuais para os parâmetros dos seus métodos.

6. A Fábrica de pesos-moscas gere um conjunto de pesos-moscas existentes. Com a fábrica, os clientes não criam flyweights diretamente. Em vez disso, eles chamam a fábrica, passando-lhe pedaços do estado intrínseco do flyweight desejado. A fábrica examina os pesos-moscas criados anteriormente e retorna um existente que corresponda aos critérios de

pesquisa ou cria um novo se nada for encontrado.

Pseudocódigo

Neste exemplo, o padrão **Flyweight** ajuda a reduzir a utilização de memória ao renderizar milhões de objectos de árvore num ecrã.

O padrão extrai o estado intrínseco de repetição de uma classe Tree principal e move-o para a classe TreeType.

Agora, em vez de armazenar os mesmos dados em vários objectos, estes são mantidos em apenas alguns objectos flyweight e ligados a objectos Tree adequados que funcionam como contextos. O código do cliente cria novos objectos de árvore utilizando a fábrica flyweight, que encapsula a complexidade de procurar o objeto certo e de o reutilizar, se necessário.

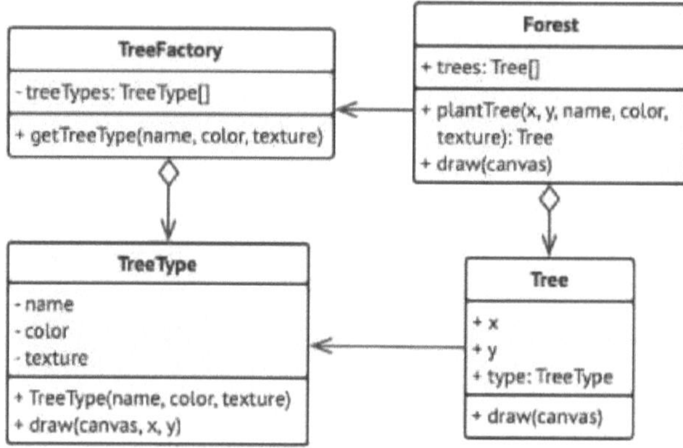

```
 1. // The flyweight class contains a portion of the state of a
 2. // tree. These fields store values that are unique for each
 3. // particular tree. For instance, you won't find here the tree
 4. // coordinates. But the texture and colors shared between many
 5. // trees are here. Since this data is usually BIG, you'd waste a
 6. // lot of memory by keeping it in each tree object. Instead, we
 7. // can extract texture, color and other repeating data into a
 8. // separate object which lots of individual tree objects can
 9. // reference.
10. class TreeType is
11.     field name
12.     field color
13.     field texture
14.     constructor TreeType(name, color, texture) { ... }
15.     method draw(canvas, x, y) is
16.         // 1. Create a bitmap of a given type, color & texture.
17.         // 2. Draw the bitmap on the canvas at X and Y coords.
18.
19. // Flyweight factory decides whether to re-use existing
20. // flyweight or to create a new object.
21. class TreeFactory is
22.     static field treeTypes: collection of tree types
23.     static method getTreeType(name, color, texture) is
24.         type = treeTypes.find(name, color, texture)
25.         if (type == null)
26.             type = new TreeType(name, color, texture)
27.             treeTypes.add(type)
28.         return type
29.
30. // The contextual object contains the extrinsic part of the tree
31. // state. An application can create billions of these since they
32. // are pretty small: just two integer coordinates and one
33. // reference field.
34. class Tree is
35.     field x,y
36.     field type: TreeType
37.     constructor Tree(x, y, type) { ... }
38.     method draw(canvas) is
39.         type.draw(canvas, this.x, this.y)
40.
41. // The Tree and the Forest classes are the flyweight's clients.
42. // You can merge them if you don't plan to develop the Tree
43. // class any further.
44. class Forest is
45.     field trees: collection of Trees
46.
47.     method plantTree(x, y, name, color, texture) is
48.         type = TreeFactory.getTreeType(name, color, texture)
49.         tree = new Tree(x, y, type)
50.         trees.add(tree)
51.
52.     method draw(canvas) is
53.         foreach (tree in trees) do
54.             tree.draw(canvas)
55.
```

Prós e contras

V Pode poupar muita RAM, assumindo que a sua programa tem toneladas de objectos semelhantes.

X Poderá estar a trocar RAM por CPU ciclos quando alguns dos dados de contexto tem de ser recalculado de cada vez que alguém chama um método de peso volante.

X O código torna-se muito mais complicado. Os novos membros da equipa estarão sempre a perguntar-se porque é que o estado de uma entidade foi separado desta forma.

Relações com outros padrões

• Pode implementar nós folha partilhados da árvore composta como pesos-moscas para poupar alguma RAM.

• O Flyweight mostra como criar muitos pequenos objectos, enquanto o Facade mostra como criar um único objeto que representa todo um subsistema.

• O Flyweight assemelhar-se-ia ao Singleton se, de alguma forma, conseguisse reduzir todos os estados partilhados dos objectos a apenas um objeto Flyweight.

2.2.2. Exemplos em tempo real de padrões de design de adaptadores em C#

2.2.2.1. Exemplo em tempo real do padrão de design Flyweight em C#: Simulação de floresta

Imagine que temos uma floresta com milhares de árvores e que cada árvore tem atributos como a espécie, a idade, o estado de saúde, etc. No entanto, a representação gráfica de uma árvore (cor, textura) depende principalmente da sua espécie e não da árvore individual.

Neste cenário, a representação gráfica da árvore (textura, cor, etc.) pode ser o estado partilhado (intrínseco), enquanto a posição, idade e saúde da árvore podem ser únicas para cada árvore (extrínseco). Vamos ver como podemos implementar o exemplo acima usando o padrão de projeto Flyweight em C#:

```
1. using System;
2. using System.Collections.Generic;
3. namespace FlyweightDesignPattern
4. {
5. // The Flyweight class
6. class TreeType
7. {
8. public string Name { get; }
9. public string Color { get; }
10. public string Texture { get; }
11. public TreeType(string name, string color, string texture)
12. {
13. Name = name;
14. Color = color;
15. Texture = texture;
16. }
17. public void Draw(int x, int y)
18. {
19.  Console.WriteLine($"Drawn a {Name} tree with {Color} color and {Texture} texture at ({x}, {y})");
20. }
21. }
22. // The Flyweight Factory
23. class TreeFactory
24. {
25. private static readonly Dictionary<string, TreeType> _treeTypes = new Dictionary<string, TreeType>();
26. public static TreeType GetTreeType(string name, string color, string texture)
27. {
28. var key = $"{name}_{color}_{texture}";
```

```
29. if (!_treeTypes.ContainsKey(key))
30. {
31. var type = new TreeType(name, color, texture);
32. _treeTypes.Add(key, type);
33. }
34. return _treeTypes[key];
35. }
36. }
37. // The context class that uses the Flyweight
38. class Tree
39. {
40. private readonly TreeType _treeType;
41. private readonly int _x;
42. private readonly int _y;
43. public Tree(int x, int y, TreeType treeType)
44. {
45. _x = x;
46. _y = y;
47. _treeType = treeType;
48. }
49. public void Draw()
50. {
51. _treeType.Draw(_x, _y);
52. }
53. }
54. //Simulation (Client Usage)
55. //Testing the Flyweight Design Pattern
56. public class Program
57. {
58. public static void Main()
59. {
60. var forest = new List<Tree>();
61. // Adding trees to forest
62. forest.Add(new Tree(1, 2, TreeFactory.GetTreeType("Pine", "Green",
"PineTexture")));
63. forest.Add(new Tree(10, 20, TreeFactory.GetTreeType("Pine", "Green",
"PineTexture")));
64. forest.Add(new Tree(5, 7, TreeFactory.GetTreeType("Oak", "Brown",
"OakTexture")));
65. foreach (var tree in forest)
66. {
67. tree.Draw();
68. }
69. Console.ReadKey();
70. }
71. }
72. }
73.
```

Aqui, TreeType é a nossa classe Flyweight. O TreeFactory garante que estamos a reutilizar objectos TreeType existentes e não a criar desnecessariamente novos objectos.

A classe Tree representa árvores individuais na floresta, e cada uma tem a sua própria

mas partilha um TreeType. O código cliente no Programa demonstra que, apesar de termos adicionado dois pinheiros, o objeto TreeType para "Pine" é criado apenas uma vez.

2.2.2.2.   Exemplo em tempo real do padrão de design Flyweight em C#: Cafeteria que oferece vários sabores de café

Vejamos um exemplo em tempo real de uma cafetaria que oferece vários sabores de café. Uma grande cafetaria pode servir milhares de chávenas diariamente, muitas das quais do mesmo sabor. Podemos usar o padrão Flyweight para gerenciar os sabores de forma eficiente. Neste exemplo:

Estado partilhado (estado intrínseco): O tipo de café, os seus ingredientes e o método de preparação.

Estado único (Estado extrínseco): O número da tabela para a encomenda ou quaisquer personalizações específicas que um cliente solicite.

Vamos ver como podemos implementar o exemplo acima usando o Flyweight Design Pattern em C#:

```
1. using System;
2. using System.Collections.Generic;
3. namespace FlyweightDesignPattern
4. {
5. // Flyweight
6. public class Coffee
7. {
8. public string Flavor { get; private set; }
9. public string Ingredients { get; private set; }
10. public string Preparation { get; private set; }
11. public Coffee(string flavor, string ingredients, string preparation)
12. {
13. Flavor = flavor;
14. Ingredients = ingredients;
15. Preparation = preparation;
16. }
17. public void ServeCoffee(int tableNumber, string customizations = "")
18. {
19. Console.WriteLine($"Serving {Flavor} coffee (made with {Ingredients} and {Preparation}) to table {tableNumber}. {customizations}");
20. }
21. }
```

```
22. // Flyweight Factory
23. public class CoffeeFactory
24. {
25.  private readonly Dictionary<string, Coffee> _coffees = new
Dictionary<string, Coffee>();
26. public Coffee GetCoffee(string flavor)
27. {
28. if (!_coffees.ContainsKey(flavor))
29. {
30. // For simplicity, let's assume every coffee just has water as its
ingredient and is brewed.
31. var coffee = new Coffee(flavor, "water", "brewed");
32. _coffees.Add(flavor, coffee);
33. }
34. return _coffees[flavor];
35. }
36. }
37. // Client
38. public class CoffeeShop
39. {
40. private readonly CoffeeFactory _coffeeFactory = new CoffeeFactory();
41.  private readonly List<Tuple<Coffee, int, string>> _orders = new
List<Tuple<Coffee, int, string>>();
42.  public void TakeOrder(string flavor, int tableNumber, string
customizations = "")
43. {
44. var coffee = _coffeeFactory.GetCoffee(flavor);
45. _orders.Add(Tuple.Create(coffee, tableNumber, customizations));
46. }
47. public void ServeOrders()
48. {
49. foreach (var order in _orders)
50. {
51. order.Item1.ServeCoffee(order.Item2, order.Item3);
52. }
53. _orders.Clear(); // Once served, clear the orders
54. }
55. }
56. // Client Usage
57. //Testing the Flyweight Design Pattern
58. public class Program
59. {
60. public static void Main()
61. {
62. var shop = new CoffeeShop();
63. shop.TakeOrder("Cappuccino", 1);
64. shop.TakeOrder("Espresso", 2, "With extra sugar");
65. shop.TakeOrder("Cappuccino", 3);
66. shop.TakeOrder("Latte", 4);
67. shop.ServeOrders();
68. Console.ReadKey();
69. }
70. }
71. }
```

Neste projeto, a classe Coffee representa o nosso Flyweight. O estado partilhado (sabor do café, ingredientes e preparação) é armazenado nesta classe. A classe CoffeeFactory garante que criamos cada sabor de café apenas uma vez. A classe CoffeeShop simula o processo de receber e servir pedidos.

2.2.2.3. Exemplo em tempo real do padrão de design Flyweight em C#: Sistema CAD (Computer-Aided Design) 2D

Vamos discutir outro exemplo em tempo real para compreender o padrão de design Flyweight: um sistema CAD (Computer-Aided Design) 2D em que os utilizadores podem desenhar diferentes formas, como círculos, rectângulos, etc. Cada forma pode ter as suas próprias propriedades, como cor, padrão e espessura. O padrão flyweight pode ser aplicado para obter eficiência, especialmente quando existem muitas formas semelhantes num desenho.

Neste cenário:

• Estado partilhado (estado intrínseco): A cor, o padrão e a espessura da forma.

• Estado único (estado extrínseco): A posição (coordenadas) e o tamanho da forma.

Considerando o vasto número de formas que um desenho pode ter, armazenar informação de cor separada para cada forma é ineficiente se estas partilharem a mesma cor. Podemos usar o padrão Flyweight para otimizar isso. Vamos ver como podemos implementar o exemplo acima usando o padrão de projeto Flyweight em C#:

```
1. using System;
2. using System.Collections.Generic;
3. namespace FlyweightDesignPattern
4. {
5. // Flyweight: ShapeStyle holds the shared properties
6. public class ShapeStyle
7. {
8. public string Color { get; }
9. public string Pattern { get; }
10. public int Thickness { get; }
11. public ShapeStyle(string color, string pattern, int thickness)
12. {
```

```
13. Color = color;
14. Pattern = pattern;
15. Thickness = thickness;
16. }
17. public void DisplayProperties()
18. {
19.   Console.WriteLine($"Style [Color: {Color}, Pattern: {Pattern},
Thickness: {Thickness}]");
20. }
21. }
22. // Flyweight Factory
23. public class StyleFactory
24. {
25.   private readonly Dictionary<string, ShapeStyle> _styles = new
Dictionary<string, ShapeStyle>();
26.   public ShapeStyle GetStyle(string color, string pattern, int
thickness)
27. {
28. var key = $"{color}_{pattern}_{thickness}";
29. if (!_styles.ContainsKey(key))
30. {
31. _styles[key] = new ShapeStyle(color, pattern, thickness);
32. }
33. return _styles[key];
34. }
35. }
36. // The ConcreteFlyweight class with external states.
37. public class Circle
38. {
39. private readonly ShapeStyle _style;
40. public int X { get; }
41. public int Y { get; }
42. public int Radius { get; }
43. public Circle(int x, int y, int radius, ShapeStyle style)
44. {
45. X = x;
46. Y = y;
47. Radius = radius;
48. _style = style;
49. }
50. public void Draw()
51. {
52.   Console.WriteLine($"Drawing Circle at ({X}, {Y}) with Radius
{Radius}");
53. _style.DisplayProperties();
54. }
55. }
56. // Client
57. class CADSystem
58. {
59. private readonly List<Circle> _circles = new List<Circle>();
60. private readonly StyleFactory _styleFactory = new StyleFactory();
61. public void AddCircle(int x, int y, int radius, string color, string
pattern, int thickness)
62. {
63. var style = _styleFactory.GetStyle(color, pattern, thickness);
64. _circles.Add(new Circle(x, y, radius, style));
```

```
65. }
66. public void DrawAllShapes()
67. {
68. foreach (var circle in _circles)
69. {
70. circle.Draw();
71. }
72. }
73. }
74. // Client Usage
75. //Testing the Flyweight Design Pattern
76. public class Program
77. {
78. public static void Main()
79. {
80. var cadSystem = new CADSystem();
81. cadSystem.AddCircle(5, 5, 10, "Red", "Solid", 2);
82. cadSystem.AddCircle(15, 15, 20, "Blue", "Dotted", 3);
83. cadSystem.AddCircle(25, 25, 30, "Red", "Solid", 2);
84. cadSystem.DrawAllShapes();
85. Console.ReadKey();
86. }
87. }
88. }
89.
```

A classe ShapeStyle representa o nosso Flyweight, contendo propriedades partilhadas como a cor, o padrão e a espessura. A StyleFactory garante a reutilização de estilos sempre que possível. A classe Circle é uma forma específica que usa esse estilo. Por uma questão de brevidade, apenas demonstrei a forma Círculo, mas esta abordagem pode ser alargada a rectângulos, linhas, etc. A classe CADSystem trata do desenho das formas. Quando executar o código acima, obterá o seguinte resultado.

2.2.2.4. Exemplo em tempo real do padrão de design Flyweight em C#: Sistema de gerenciamento de placas de veículos

Consideremos um cenário em tempo real de um sistema de gestão de matrículas de veículos. Cada veículo num país ou região pode ter uma matrícula única, mas o formato ou modelo da matrícula pode ser o mesmo em muitos veículos. O formato pode ter padrões como "XXX- 0000", "XX-00-XX", etc., em que X representa letras e 0 representa números.

Num sistema de gestão de matrículas de veículos, o padrão Flyweight pode ser aplicado para gerir os números das matrículas de forma eficiente. Neste cenário:

• Estado partilhado (estado intrínseco): O prefixo que representa o estado ou a região.

• Estado único (Estado extrínseco): O número único para cada veículo.

Dado o grande número de veículos, o armazenamento de formatos de matrículas partilhados como pesos-moscas é eficiente. O número único da placa para cada veículo será o estado extrínseco. Vamos ver como podemos implementar o exemplo acima usando o padrão de projeto Flyweight em C#:

```
1. using System;
2. using System.Collections.Generic;
3. namespace FlyweightDesignPattern
4. {
5. // Flyweight: LicensePlatePrefix holds the shared properties
6. public class LicensePlatePrefix
7. {
8. public string StateOrRegion { get; }
9. public LicensePlatePrefix(string stateOrRegion)
10. {
11. StateOrRegion = stateOrRegion;
12. }
13. public void DisplayPrefix()
14. {
15. Console.WriteLine($"Prefix: {StateOrRegion}");
16. }
17. }
18. // Flyweight Factory
19. public class PrefixFactory
20. {
21. private readonly Dictionary<string, LicensePlatePrefix> _prefixes =
new Dictionary<string, LicensePlatePrefix>();
22. public LicensePlatePrefix GetPrefix(string stateOrRegion)
23. {
24. if (!_prefixes.ContainsKey(stateOrRegion))
25. {
26. _prefixes[stateOrRegion] = new LicensePlatePrefix(stateOrRegion);
27. }
28. return _prefixes[stateOrRegion];
29. }
```

```
30. }
31. // The ConcreteFlyweight class with external states.
32. public class LicensePlate
33. {
34. private readonly LicensePlatePrefix _prefix;
35. public int UniqueNumber { get; }
36. public LicensePlate(int uniqueNumber, LicensePlatePrefix prefix)
37. {
38. UniqueNumber = uniqueNumber;
39. _prefix = prefix;
40. }
41. public void DisplayPlate()
42. {
43. _prefix.DisplayPrefix();
44. Console.WriteLine($"Unique Number: {UniqueNumber}");
45. }
46. }
47. // Client
48. class LicensePlateSystem
49. {
50.     private    readonly    List<LicensePlate>    _plates    =    new
List<LicensePlate>();
51. private readonly PrefixFactory _prefixFactory = new PrefixFactory();
52. public void RegisterVehicle(string stateOrRegion, int uniqueNumber)
53. {
54. var prefix = _prefixFactory.GetPrefix(stateOrRegion);
55. _plates.Add(new LicensePlate(uniqueNumber, prefix));
56. }
57. public void DisplayAllPlates()
58. {
59. foreach (var plate in _plates)
60. {
61. plate.DisplayPlate();
62. Console.WriteLine("-----");
63. }
64. }
65. }
66. // Client Usage
67. //Testing the Flyweight Design Pattern
68. public class Program
69. {
70. public static void Main()
71. {
72. var plateSystem = new LicensePlateSystem();
73. plateSystem.RegisterVehicle("NY", 12345);
74. plateSystem.RegisterVehicle("CA", 67890);
75. plateSystem.RegisterVehicle("NY", 54321);
76. plateSystem.DisplayAllPlates();
77. Console.ReadKey();
78. }
79. }
80. }
81.
```

Neste exemplo, a classe LicensePlatePrefix é o Flyweight que contém o prefixo partilhado para cada estado ou região. A PrefixFactory gere e reutiliza estes prefixos partilhados. A classe LicensePlate contém o número único para cada veículo e utiliza o prefixo partilhado. A classe LicensePlateSystem gere o sistema, o registo e a apresentação da matrícula.

2.2.2.5. Exemplo em tempo real do padrão de design Flyweight em C#: um editor de texto

Consideremos um cenário em tempo real de um editor de texto. Quando um editor de texto carrega um documento, este pode conter milhares de caracteres. Cada caractere pode ter atributos de formatação, como negrito, itálico, sublinhado, tipo de fonte, tamanho da fonte e cor. Dado dois caracteres com a mesma formatação, armazenar informações de formatação separadamente para cada caractere é ineficiente. O padrão Flyweight pode ajudar em tais situações.

Neste cenário:

• Estado partilhado (estado intrínseco): Tipo de letra, tamanho e estilo (por exemplo, negrito, itálico), que são propriedades comuns dos caracteres.

• Estado único (Estado extrínseco): O carácter e a posição no documento.

Vamos ver como podemos implementar o exemplo acima usando o Flyweight Design Pattern em C#:

```
1. using System;
2. using System.Collections.Generic;
3. namespace FlyweightDesignPattern
4. {
5. // Flyweight: CharacterStyle holds the shared properties
6. public class CharacterStyle
7. {
8. public string Font { get; }
9. public int Size { get; }
10. public bool IsBold { get; }
```

```csharp
11. public bool IsItalic { get; }
12.  public CharacterStyle(string font, int size, bool isBold, bool
isItalic)
13. {
14. Font = font;
15. Size = size;
16. IsBold = isBold;
17. IsItalic = isItalic;
18. }
19. public void DisplayStyle()
20. {
21.  Console.WriteLine($"Font: {Font}, Size: {Size}, Bold: {IsBold},
Italic: {IsItalic}");
22. }
23. }
24. // Flyweight Factory
25. public class StyleFactory
26. {
27.  private readonly Dictionary<string, CharacterStyle> _styles = new
Dictionary<string, CharacterStyle>();
28.  public CharacterStyle GetStyle(string font, int size, bool isBold,
bool isItalic)
29. {
30. var key = $"{font}_{size}_{isBold}_{isItalic}";
31. if (!_styles.ContainsKey(key))
32. {
33. _styles[key] = new CharacterStyle(font, size, isBold, isItalic);
34. }
35. return _styles[key];
36. }
37. }
38. // The ConcreteFlyweight class with external states.
39. public class Character
40. {
41. private readonly CharacterStyle _style;
42. public char Symbol { get; }
43. public int Position { get; }
44. public Character(char symbol, int position, CharacterStyle style)
45. {
46. Symbol = symbol;
47. Position = position;
48. _style = style;
49. }
50. public void Display()
51. {
52. Console.Write(Symbol);
53. _style.DisplayStyle();
54. }
55. }
56. // Client
57. class TextEditor
58. {
59. private readonly List<Character> _document = new List<Character>();
60. private readonly StyleFactory _styleFactory = new StyleFactory();
61.  public void InsertCharacter(char symbol, int position, string font,
int size, bool isBold, bool isItalic)
62. {
```

```
63. var style = _styleFactory.GetStyle(font, size, isBold, isItalic);
64. _document.Add(new Character(symbol, position, style));
65. }
66. public void DisplayDocument()
67. {
68. foreach (var character in _document)
69. {
70. character.Display();
71. Console.WriteLine("-----");
72. }
73. }
74. }
75. // Client Usage
76. //Testing the Flyweight Design Pattern
77. public class Program
78. {
79. public static void Main()
80. {
81. var editor = new TextEditor();
82. editor.InsertCharacter('A', 0, "Arial", 12, true, false);
83. editor.InsertCharacter('B', 1, "Arial", 12, true, false);
84. editor.InsertCharacter('C', 2, "Times New Roman", 14, false, true);
85. editor.DisplayDocument();
86. Console.ReadKey();
87. }
88. }
89. }
90.
```

A classe CharacterStyle é o nosso Flyweight neste projeto, mantendo propriedades partilhadas como o tipo de letra, o tamanho e os estilos. A StyleFactory garante a reutilização de estilos de caracteres sempre que possível. A classe Character representa caracteres individuais no documento. A classe TextEditor simula as operações do editor.

2.3. COMANDO

2.3.1. Padrão de desenho de mediador: Conceitos básicos e princípios de implementação

O padrão Command permite-lhe encapsular um pedido de execução de uma ação específica como um objeto separado. Esse objeto de solicitação de ação é chamado de comando. Neste caso, os objectos que iniciam pedidos para executar uma ação são separados dos objectos que executam essa ação.

Os comandos podem utilizar parâmetros que transmitem informações associadas ao comando. Além disso, os comandos podem ser colocados em fila de espera e também podem ser cancelados.

Quando utilizar os comandos?

Quando é necessário passar como parâmetros certas acções chamadas em resposta a outras acções. Ou seja, quando são necessárias funções de ação inversa em resposta a determinadas acções.

Quando é necessário assegurar a execução de uma fila de pedidos, bem como a sua eventual anulação.

Quando é necessário suportar o registo de alterações em resultado de pedidos. A utilização de registos pode ajudar a restaurar o estado do sistema - para

isso, será necessário utilizar uma sequência de comandos registados.
Esquematicamente na UML, o padrão Command é representado da seguinte forma:

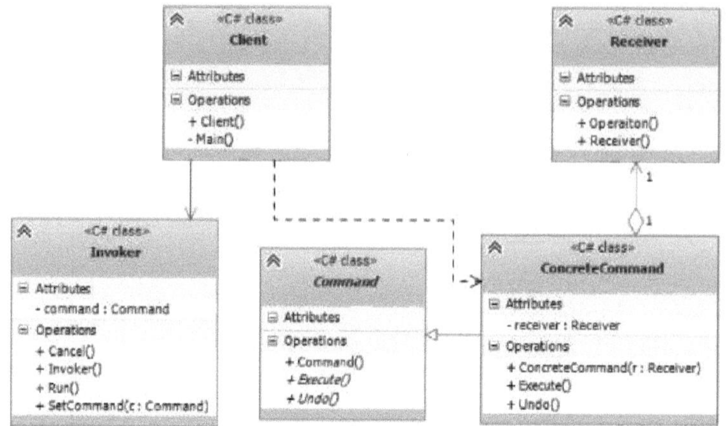

Participantes

•   Comando: Uma interface que representa um comando. Normalmente, define um método Execute() para executar a ação e inclui também um método Undo(), cuja implementação deve consistir em cancelar a ação do comando

•   ConcreteCommand: Uma implementação concreta de um comando, implementa o método Execute(), que chama um método específico definido na classe Receiver

•   Destinatário: O destinatário do comando. Define as acções que devem ser executadas como resultado do pedido.

•   Invocador: iniciador de comandos - invoca um comando para efetuar um pedido específico

•   Cliente: cliente - cria um comando e define o seu destinatário utilizando o método SetCommand()

Assim, o iniciador que envia o pedido não sabe nada sobre o destinatário, que irá executar o comando. Além disso, se precisarmos de aplicar alguns comandos novos, podemos simplesmente herdar classes da classe abstrata Command e implementar os seus métodos Execute e Undo.

Estrutura

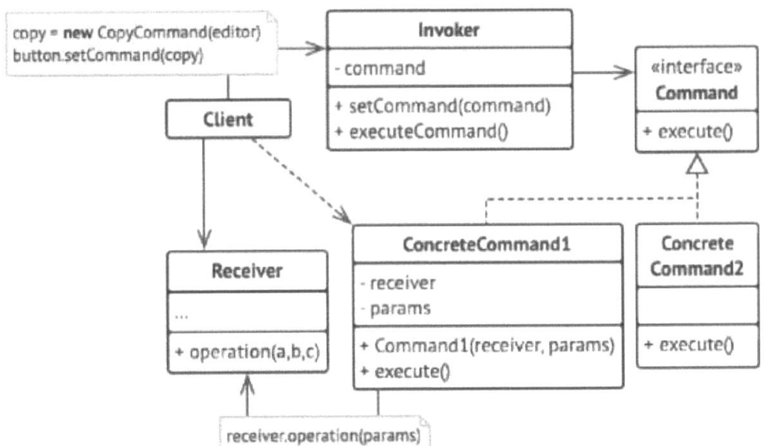

1. A classe Sender (também conhecida como invocador) é responsável por iniciar

pedidos. Esta classe deve ter um campo para armazenar uma referência a um objeto de comando. O emissor aciona esse comando em vez de enviar o pedido diretamente para o recetor. Note-se que o emissor não é responsável pela criação do objeto de comando. Normalmente, ele obtém um comando pré-criado do cliente através do construtor.

2. A interface Command geralmente declara apenas um único método para executar o comando.

3. Os comandos concretos implementam vários tipos de pedidos. Um comando concreto não é suposto executar o trabalho por si só, mas sim passar a chamada para um dos objetos de lógica empresarial. No entanto, para simplificar o código, estas classes podem ser fundidas. Os parâmetros necessários para executar um método num objeto recetor podem ser declarados como campos no comando concreto. É possível tornar os objectos de comando imutáveis, permitindo apenas a inicialização destes campos através do construtor.

4. A classe Recetor contém alguma lógica comercial. Quase todos os objectos podem atuar como receptores. A maioria dos comandos apenas trata dos detalhes de como um pedido é passado para o recetor, enquanto o próprio recetor faz o trabalho real.

5. O Cliente cria e configura objectos de comando concretos. O cliente deve passar todos os parâmetros do pedido, incluindo uma instância do recetor, para o construtor do comando. Depois disso, o comando resultante pode ser associado a um ou vários remetentes.

Pseudocódigo

Neste exemplo, o padrão Command ajuda a registar o histórico das operações executadas e permite reverter uma operação, se necessário.

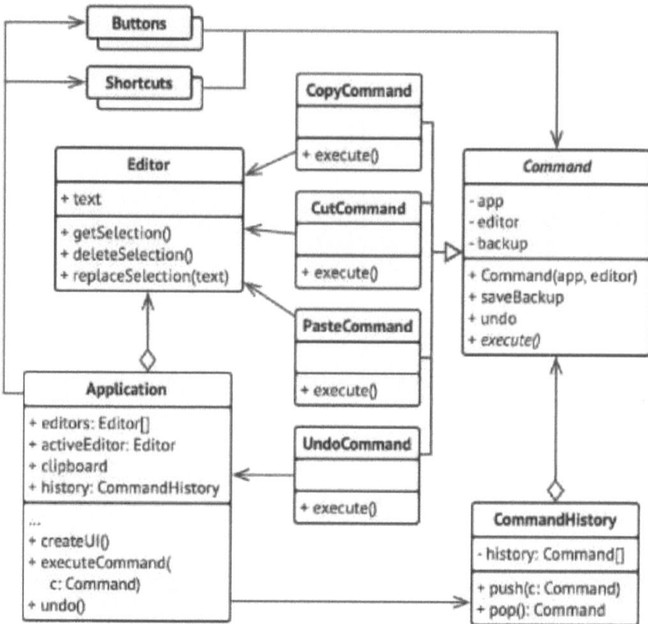

Os comandos que resultam na alteração do estado do editor (por exemplo, cortar e colar) fazem uma cópia de segurança do estado do editor antes de executar uma operação associada ao comando. Depois de um comando ser executado, é colocado no histórico de comandos (uma pilha de objectos de comando) juntamente com a cópia de segurança do estado do editor nesse ponto. Mais tarde, se o utilizador precisar de reverter uma operação, a aplicação pode obter o comando mais recente do histórico, ler a cópia de segurança associada do estado do editor e restaurá-lo.

O código do cliente (elementos GUI, histórico de comandos, etc.) não está acoplado a classes de comandos concretas porque trabalha com comandos através da interface de comandos. Esta abordagem permite-lhe introduzir novos comandos na aplicação sem quebrar qualquer código existente.

```
1. // The base command class defines the common interface for all
2. // concrete commands.
3. abstract class Command is
4.     protected field app: Application
5.     protected field editor: Editor
6.     protected field backup: text
7.
8.     constructor Command(app: Application, editor: Editor) is
9.         this.app = app
10.        this.editor = editor
11.
12.     // Make a backup of the editor's state.
13.     method saveBackup() is
14.         backup = editor.text
15.
16.     // Restore the editor's state.
17.     method undo() is
18.         editor.text = backup
19.
20.     // The execution method is declared abstract to force all
21.     // concrete commands to provide their own implementations.
22.     // The method must return true or false depending on whether
23.     // the command changes the editor's state.
24.     abstract method execute()
25.
26.
27. // The concrete commands go here.
28. class CopyCommand extends Command is
29.     // The copy command isn't saved to the history since it
30.     // doesn't change the editor's state.
31.     method execute() is
32.         app.clipboard = editor.getSelection()
```

```
33.          return false
34.
35. class CutCommand extends Command is
36.      // The cut command does change the editor's state, therefore
37.      // it must be saved to the history. And it'll be saved as
38.      // long as the method returns true.
39.      method execute() is
40.          saveBackup()
41.          app.clipboard = editor.getSelection()
42.          editor.deleteSelection()
43.          return true
44.
45. class PasteCommand extends Command is
46.      method execute() is
47.          saveBackup()
48.          editor.replaceSelection(app.clipboard)
49.          return true
50.
51. // The undo operation is also a command.
52. class UndoCommand extends Command is
53.      method execute() is
54.          app.undo()
55.          return false
56.
57.
58. // The global command history is just a stack.
59. class CommandHistory is
60.      private field history: array of Command
61.
62.      // Last in...
63.      method push(c: Command) is
64.          // Push the command to the end of the history array.
65.
66.      // ...first out
67.      method pop():Command is
68.          // Get the most recent command from the history.
69.
70.
71. // The editor class has actual text editing operations. It plays
72. // the role of a receiver: all commands end up delegating
73. // execution to the editor's methods.
74. class Editor is
75.      field text: string
76.
77.      method getSelection() is
78.          // Return selected text.
79.
80.      method deleteSelection() is
81.          // Delete selected text.
82.
83.      method replaceSelection(text) is
84.          // Insert the clipboard's contents at the current
85.          // position.
86.
87.
88. // The application class sets up object relations. It acts as a
89. // sender: when something needs to be done, it creates a command
```

```
90.  // object and executes it.
91.  class Application is
92.      field clipboard: string
93.      field editors: array of Editors
94.      field activeEditor: Editor
95.      field history: CommandHistory
96.
97.      // The code which assigns commands to UI objects may look
98.      // like this.
99.      method createUI() is
100.         // ...
101.         copy = function() { executeCommand(
102.             new CopyCommand(this, activeEditor)) }
103.         copyButton.setCommand(copy)
104.         shortcuts.onKeyPress("Ctrl+C", copy)
105.
106.         cut = function() { executeCommand(
107.             new CutCommand(this, activeEditor)) }
108.         cutButton.setCommand(cut)
109.         shortcuts.onKeyPress("Ctrl+X", cut)
110.
111.         paste = function() { executeCommand(
112.             new PasteCommand(this, activeEditor)) }
113.         pasteButton.setCommand(paste)
114.         shortcuts.onKeyPress("Ctrl+V", paste)
115.
116.         undo = function() { executeCommand(
117.             new UndoCommand(this, activeEditor)) }
118.         undoButton.setCommand(undo)
119.         shortcuts.onKeyPress("Ctrl+Z", undo)
120.
121.     // Execute a command and check whether it has to be added to
122.     // the history.
123.     method executeCommand(command) is
124.         if (command.execute())
125.             history.push(command)
126.
127.     // Take the most recent command from the history and run its
128.     // undo method. Note that we don't know the class of that
129.     // command. But we don't have to, since the command knows
130.     // how to undo its own action.
131.     method undo() is
132.         command = history.pop()
133.         if (command != null)
134.             command.undo()
135.
```

Prós e contras

- *É* possível dissociar as classes que invocam operações das classes que as executam.

- *Open/ClosedPrinciple.* Pode introduzir novos comandos na aplicação sem quebrar o código de cliente existente.

Pode implementar a função anular/refazer.

É possível implementar a execução diferida de operações.

- É possível reunir um **conjunto** de comandos simples num complexo.

   - X O código pode tornar-se mais complicado, uma vez que está a introduzir uma nova camada entre emissores e receptores.

-

Relações com outros padrões

• A cadeia de responsabilidade, o comando, o mediador e o observador abordam várias formas de ligar os emissores e os receptores de pedidos:

- A cadeia de responsabilidade passa um pedido sequencialmente ao longo de uma cadeia dinâmica de potenciais receptores até que um deles o trate.

- O comando estabelece ligações unidireccionais entre emissores e receptores.

- O mediador elimina as ligações directas entre emissores e receptores, forçando-os a comunicar indiretamente através de um objeto mediador.

- O observador permite que os receptores subscrevam e cancelem dinamicamente a receção de pedidos.

• Command e Strategy podem parecer semelhantes porque ambos podem ser utilizados para parametrizar um objeto com alguma ação. No entanto, têm objectivos muito diferentes.

- É possível utilizar Command para converter qualquer operação num objeto. Os parâmetros da operação tornam-se campos desse objeto.

- A estratégia descreve geralmente diferentes formas de fazer a mesma coisa, permitindo-lhe trocar esses algoritmos numa única classe de contexto.

2.3.2. Exemplos em tempo real de padrões de design de comandos em C#

2.3.2.1. Exemplo em tempo real do padrão de design Command em C#: Editor gráfico simples

Neste editor de gráficos, os utilizadores podem desenhar círculos e rectângulos. Cada ação de desenho é um comando. O editor também deve ser capaz de desfazer e refazer estas acções de desenho. Vamos ver como podemos implementar o exemplo acima usando o padrão de design Command em C#:

```csharp
1. using System;
2. using System.Collections.Generic;
3. using System.Linq;
4.
5. namespace CommandDesignPattern
6. {
7.     //Command Interface
8.     public interface ICommand
9.     {
10.         void Execute();
11.         void Undo();
12.     }
13.
14.     //Receiver - Graphics Editor Canvas
15.     public class Canvas
16.     {
17.         public void DrawCircle()
18.         {
19.             Console.WriteLine("Circle drawn");
20.         }
21.
22.         public void RemoveCircle()
23.         {
24.             Console.WriteLine("Circle removed");
25.         }
```

```csharp
26.
27.        public void DrawRectangle()
28.        {
29.            Console.WriteLine("Rectangle drawn");
30.        }
31.
32.        public void RemoveRectangle()
33.        {
34.            Console.WriteLine("Rectangle removed");
35.        }
36.    }
37.
38.    //Concrete Commands
39.    public class DrawCircleCommand : ICommand
40.    {
41.        private Canvas _canvas;
42.
43.        public DrawCircleCommand(Canvas canvas)
44.        {
45.            _canvas = canvas;
46.        }
47.
48.        public void Execute()
49.        {
50.            _canvas.DrawCircle();
51.        }
52.
53.        public void Undo()
54.        {
55.            _canvas.RemoveCircle();
56.        }
57.    }
58.
59.    public class DrawRectangleCommand : ICommand
60.    {
61.        private Canvas _canvas;
62.
63.        public DrawRectangleCommand(Canvas canvas)
64.        {
65.            _canvas = canvas;
66.        }
67.
68.        public void Execute()
69.        {
70.            _canvas.DrawRectangle();
71.        }
72.
73.        public void Undo()
74.        {
75.            _canvas.RemoveRectangle();
76.        }
77.    }
78.
79.    //Invoker - Graphics Editor
80.    public class GraphicsEditor
81.    {
```

```csharp
82.         private Stack<ICommand> _commandHistory = new
Stack<ICommand>();
83.
84.         public void ExecuteCommand(ICommand command)
85.         {
86.             command.Execute();
87.             _commandHistory.Push(command);
88.         }
89.
90.         public void UndoLastCommand()
91.         {
92.             if (_commandHistory.Any())
93.             {
94.                 var lastCommand = _commandHistory.Pop();
95.                 lastCommand.Undo();
96.             }
97.         }
98.     }
99.
100.    // Testing the Command Design Pattern
101.    // Client Code
102.    public class Program
103.    {
104.        public static void Main(string[] args)
105.        {
106.            Canvas canvas = new Canvas();
107.            GraphicsEditor editor = new GraphicsEditor();
108.
109.            ICommand drawCircle = new DrawCircleCommand(canvas);
110.        ICommand drawRectangle = new DrawRectangleCommand(canvas);
111.
112.            editor.ExecuteCommand(drawCircle);
113.            editor.ExecuteCommand(drawRectangle);
114.
115.            // Undo last action (Remove rectangle)
116.            editor.UndoLastCommand();
117.
118.            // Undo previous action (Remove circle)
119.            editor.UndoLastCommand();
120.
121.            Console.ReadKey();
122.        }
123.    }
124. }
```

Neste exemplo, o padrão Command oferece uma forma estruturada de gerir as acções de desenhar e desfazer no editor gráfico. O padrão permite extensões fáceis, por exemplo, adicionar mais formas ou funcionalidades sem perturbar o sistema existente. Esta abordagem modular simplifica a manutenção e melhora a legibilidade do código.

2.3.1.2. Exemplo em tempo real do padrão de design Command em C#: Sistema bancário

Consideremos um sistema bancário onde os clientes podem efetuar depósitos, levantamentos e transferências de fundos. Um cliente pode realizar várias acções na sua conta bancária, como depositar, levantar e transferir dinheiro para outra conta. Cada uma destas acções pode ser tratada como um comando. Vamos ver como podemos implementar o exemplo acima usando o Command Design Pattern em C#:

```csharp
1. using System;
2. namespace CommandDesignPattern
3. {
4.     //Command Interface
5.     public interface IBankCommand
6.     {
7.         void Execute();
8.     }
9.
10.     //Receiver - Bank Account
11.     public class BankAccount
12.     {
13.         public decimal Balance { get; private set; }
14.
15.         public void Deposit(decimal amount)
16.         {
17.             Balance += amount;
18.             Console.WriteLine($"Deposited ${amount}. New balance: ${Balance}");
19.         }
20.
21.         public void Withdraw(decimal amount)
22.         {
23.             if (Balance >= amount)
24.             {
25.                 Balance -= amount;
26.                 Console.WriteLine($"Withdrew ${amount}. New balance: ${Balance}");
27.             }
28.             else
29.             {
30.                 Console.WriteLine("Insufficient funds.");
31.             }
32.         }
33.
34.         public void Transfer(BankAccount toAccount, decimal amount)
35.         {
36.             if (Balance >= amount)
37.             {
```

```csharp
38.                    Balance -= amount;
39.                     toAccount.Deposit(amount);
40.                     Console.WriteLine($"Transferred ${amount} to another
account. New balance: ${Balance}");
41.                 }
42.                 else
43.                 {
44.                    Console.WriteLine("Insufficient funds for transfer.");
45.                 }
46.          }
47.       }
48.
49.      //Concrete Commands
50.      public class DepositCommand : IBankCommand
51.      {
52.          private BankAccount _account;
53.          private decimal _amount;
54.
55.          public DepositCommand(BankAccount account, decimal amount)
56.          {
57.              _account = account;
58.              _amount = amount;
59.          }
60.
61.          public void Execute()
62.          {
63.              _account.Deposit(_amount);
64.          }
65.      }
66.
67.      public class WithdrawCommand : IBankCommand
68.      {
69.          private BankAccount _account;
70.          private decimal _amount;
71.
72.          public WithdrawCommand(BankAccount account, decimal amount)
73.          {
74.              _account = account;
75.              _amount = amount;
76.          }
77.
78.          public void Execute()
79.          {
80.              _account.Withdraw(_amount);
81.          }
82.      }
83.
84.      public class TransferCommand : IBankCommand
85.      {
86.          private BankAccount _fromAccount;
87.          private BankAccount _toAccount;
88.          private decimal _amount;
89.
90.          public TransferCommand(BankAccount fromAccount, BankAccount
toAccount, decimal amount)
91.          {
92.              _fromAccount = fromAccount;
```

```
93.                 _toAccount = toAccount;
94.                 _amount = amount;
95.         }
96.
97.         public void Execute()
98.         {
99.             _fromAccount.Transfer(_toAccount, _amount);
100.        }
101.    }
102.
103.    //Invoker - Bank App
104.    public class BankApp
105.    {
106.        public void PerformOperation(IBankCommand command)
107.        {
108.            command.Execute();
109.        }
110.    }
111.
112.    // Testing the Command Design Pattern
113.    // Client Code
114.    public class Program
115.    {
116.        public static void Main(string[] args)
117.        {
118.            BankAccount johnsAccount = new BankAccount();
119.            BankAccount janesAccount = new BankAccount();
120.
121.            BankApp bankApp = new BankApp();
122.
123.            bankApp.PerformOperation(new DepositCommand(johnsAccount,
500));
124.            bankApp.PerformOperation(new WithdrawCommand(johnsAccount,
200));
125.            bankApp.PerformOperation(new TransferCommand(johnsAccount,
janesAccount, 150));
126.
127.            Console.ReadKey();
128.        }
129.    }
130. }
```

Neste exemplo, o padrão Command permite que diferentes operações bancárias sejam desacopladas da lógica da aplicação bancária. Isto garante que será fácil adicionar novas operações bancárias ou alterar as existentes sem efetuar alterações significativas à aplicação principal ou às classes de conta bancária.

2.3.2.3. Exemplo em tempo real do padrão de design Command em C#: Editor de texto

Vamos considerar um editor de texto onde os utilizadores podem escrever, apagar, copiar e colar texto. No editor de texto, podem ser executadas várias acções no texto. Estas acções podem incluir a escrita de algum texto, a eliminação de um intervalo específico de texto, a cópia e a colagem. Cada uma destas acções pode ser encapsulada como um comando. Vamos ver como podemos implementar o exemplo acima usando o padrão de design Command em C#:

```csharp
1. using System;
2. using System.Collections.Generic;
3. using System.Text;
4.
5. namespace CommandDesignPattern
6. {
7.     //Command Interface
8.     public interface ITextCommand
9.     {
10.         void Execute();
11.         void Undo();
12.     }
13.
14.     //Receiver - TextDocument
15.     public class TextDocument
16.     {
17.         public StringBuilder Content { get; } = new StringBuilder();
18.
19.         public void Write(string text)
20.         {
21.             Content.Append(text);
22.         }
23.
24.         public void Delete(int startIndex, int length)
25.         {
26.             Content.Remove(startIndex, length);
27.         }
28.
29.         // Other methods for copy and paste can be added if needed
30.     }
31.
32.     //Concrete Commands
33.     public class WriteCommand : ITextCommand
34.     {
35.         private TextDocument _document;
36.         private string _text;
37.
38.         public WriteCommand(TextDocument document, string text)
39.         {
```

```
40.                _document = document;
41.                _text = text;
42.          }
43.
44.          public void Execute()
45.          {
46.              _document.Write(_text);
47.          }
48.
49.          public void Undo()
50.          {
51.              _document.Delete(_document.Content.Length - _text.Length,
_text.Length);
52.          }
53.      }
54.
55.      public class DeleteCommand : ITextCommand
56.      {
57.          private TextDocument _document;
58.          private string _deletedText;
59.          private int _startIndex;
60.
61.          public DeleteCommand(TextDocument document, int startIndex,
int length)
62.          {
63.              _document = document;
64.              _startIndex = startIndex;
65.                                                  _deletedText    =
_document.Content.ToString().Substring(startIndex, length);
66.          }
67.
68.          public void Execute()
69.          {
70.              _document.Delete(_startIndex, _deletedText.Length);
71.          }
72.
73.          public void Undo()
74.          {
75.              _document.Content.Insert(_startIndex, _deletedText);
76.          }
77.      }
78.
79.      //Invoker - TextEditor
80.      public class TextEditor
81.      {
82.              private Stack<ITextCommand> _commandHistory = new
Stack<ITextCommand>();
83.
84.          public void ExecuteCommand(ITextCommand command)
85.          {
86.              command.Execute();
87.              _commandHistory.Push(command);
88.          }
89.
90.          public void UndoLastCommand()
91.          {
92.              if (_commandHistory.Count > 0)
```

```
93.              {
94.                  var lastCommand = _commandHistory.Pop();
95.                  lastCommand.Undo();
96.              }
97.          }
98.      }
99.
100.    // Testing the Command Design Pattern
101.    // Client Code
102.    public class Program
103.    {
104.        public static void Main(string[] args)
105.        {
106.            TextDocument document = new TextDocument();
107.            TextEditor editor = new TextEditor();
108.
109.            editor.ExecuteCommand(new WriteCommand(document, "Hello, world!"));
110.            Console.WriteLine(document.Content); // Outputs: Hello, world!
111.
112.            editor.ExecuteCommand(new DeleteCommand(document, 7, 5));
113.            Console.WriteLine(document.Content); // Outputs: Hello, !
114.
115.            editor.UndoLastCommand();
116.            Console.WriteLine(document.Content); // Outputs: Hello, world!
117.
118.            Console.ReadKey();
119.        }
120.    }
121. }
```

Neste exemplo, o padrão Command permite que o editor de texto encapsule cada operação como um objeto, facilitando a implementação de recursos como desfazer e refazer. Se mais operações (por exemplo, copiar, colar) forem necessárias no futuro, novas classes de comando podem ser adicionadas sem alterar a estrutura existente.

1.   3.2.4. Exemplo em tempo real do padrão de design Command em C#: Aplicação do reprodutor de música

Numa aplicação de leitor de música, os utilizadores podem executar várias acções, tais como reproduzir uma música, fazer uma pausa na reprodução e saltar para a faixa seguinte. Cada uma destas acções pode ser encapsulada como um comando. Vamos ver como podemos implementar o exemplo acima usando o padrão de projeto Command em C#:

```csharp
1.  using System;
2.  namespace CommandDesignPattern
3.  {
4.      //Command Interface
5.      public interface IMusicCommand
6.      {
7.          void Execute();
8.      }
9.
10.     //Receiver - MusicPlayer
11.     public class MusicPlayer
12.     {
13.         public void Play()
14.         {
15.             Console.WriteLine("Playing the song.");
16.         }
17.
18.         public void Pause()
19.         {
20.             Console.WriteLine("Pausing the song.");
21.         }
22.
23.         public void Skip()
24.         {
25.             Console.WriteLine("Skipping to the next song.");
26.         }
27.     }
28.
29.     //Concrete Commands
30.     public class PlayCommand : IMusicCommand
31.     {
32.         private MusicPlayer _player;
33.
34.         public PlayCommand(MusicPlayer player)
35.         {
36.             _player = player;
37.         }
38.
39.         public void Execute()
40.         {
41.             _player.Play();
42.         }
43.     }
44.
45.     public class PauseCommand : IMusicCommand
46.     {
47.         private MusicPlayer _player;
48.
49.         public PauseCommand(MusicPlayer player)
50.         {
51.             _player = player;
```

```csharp
52.         }
53.
54.         public void Execute()
55.         {
56.             _player.Pause();
57.         }
58.     }
59.
60.     public class SkipCommand : IMusicCommand
61.     {
62.         private MusicPlayer _player;
63.
64.         public SkipCommand(MusicPlayer player)
65.         {
66.             _player = player;
67.         }
68.
69.         public void Execute()
70.         {
71.             _player.Skip();
72.         }
73.     }
74.
75.     //Invoker - MusicRemote
76.     public class MusicRemote
77.     {
78.         private IMusicCommand _command;
79.
80.         public void SetCommand(IMusicCommand command)
81.         {
82.             _command = command;
83.         }
84.
85.         public void PressButton()
86.         {
87.             _command.Execute();
88.         }
89.     }
90.
91.     // Testing the Command Design Pattern
92.     // Client Code
93.     public class Program
94.     {
95.         public static void Main(string[] args)
96.         {
97.             // Receiver
98.             MusicPlayer player = new MusicPlayer();
99.
100.             // Invoker
101.             MusicRemote remote = new MusicRemote();
102.
103.             // Play song
104.             remote.SetCommand(new PlayCommand(player));
105.             remote.PressButton();
106.
107.             // Pause playback
108.             remote.SetCommand(new PauseCommand(player));

109.             remote.PressButton();
110.
111.             // Skip to next song
112.             remote.SetCommand(new SkipCommand(player));
113.             remote.PressButton();
114.
115.             Console.ReadKey();
116.         }
117.     }
118. }
```

Neste cenário de leitor de música, o padrão Command permite a dissociação do invocador (MusicRemote) do recetor (MusicPlayer). Isto permite adicionar novas funcionalidades (como rebobinar ou ajustar o volume) diretamente através da introdução de novas classes de comando sem alterar a estrutura do sistema existente.

2. 3.2.5. Exemplo em tempo real do padrão de design Command em C#: Sistema de Carrinho de Compras ECommerce

Num carrinho de compras de comércio eletrónico, os utilizadores podem adicionar, remover ou atualizar a quantidade de produtos. Cada uma dessas operações pode ser encapsulada como um comando. Vamos ver como podemos implementar o exemplo acima usando o padrão de design Command em C#:

```
1.  using System;
2.  namespace CommandDesignPattern
3.  {
4.      //Command Interface
5.      public interface ICartCommand
6.      {
7.          void Execute();
8.          void Undo();
9.      }
10.
11.     //Receiver   ShoppingCart
12.     public class ShoppingCart
13.     {
14.         public void AddProduct(string productName)
15.         {
16.             Console.WriteLine($"Added {productName} to the cart.");
17.         }
18.
```

```csharp
19.            public void RemoveProduct(string productName)
20.            {
21.                    Console.WriteLine($"Removed {productName} from the
cart.");
22.            }
23.
24.         public void UpdateQuantity(string productName, int quantity)
25.            {
26.                Console.WriteLine($"Updated {productName}'s quantity to
{quantity}.");
27.            }
28.        }
29.
30.        //Concrete Commands
31.        public class AddProductCommand : ICartCommand
32.        {
33.            private ShoppingCart _cart;
34.            private string _productName;
35.
36.                public AddProductCommand(ShoppingCart cart, string
productName)
37.            {
38.                _cart = cart;
39.                _productName = productName;
40.            }
41.
42.            public void Execute()
43.            {
44.                _cart.AddProduct(_productName);
45.            }
46.
47.            public void Undo()
48.            {
49.                _cart.RemoveProduct(_productName);
50.            }
51.        }
52.
53.        public class RemoveProductCommand : ICartCommand
54.        {
55.            private ShoppingCart _cart;
56.            private string _productName;
57.
58.                public RemoveProductCommand(ShoppingCart cart, string
productName)
59.            {
60.                _cart = cart;
61.                _productName = productName;
62.            }
63.
64.            public void Execute()
65.            {
66.                _cart.RemoveProduct(_productName);
67.            }
68.
69.            public void Undo()
70.            {
71.                _cart.AddProduct(_productName);
```

```
72.             }
73.         }
74.
75.         public class UpdateQuantityCommand : ICartCommand
76.         {
77.             private ShoppingCart _cart;
78.             private string _productName;
79.             private int _quantity;
80.             private int _previousQuantity;
81.
82.                 public UpdateQuantityCommand(ShoppingCart cart, string
productName, int quantity, int previousQuantity)
83.             {
84.                 _cart = cart;
85.                 _productName = productName;
86.                 _quantity = quantity;
87.                 _previousQuantity = previousQuantity;
88.             }
89.
90.             public void Execute()
91.             {
92.                 _cart.UpdateQuantity(_productName, _quantity);
93.             }
94.
95.             public void Undo()
96.             {
97.                 _cart.UpdateQuantity(_productName, _previousQuantity);
98.             }
99.         }
100.
101.         //Invoker - UserInterface
102.         public class UserInterface
103.         {
104.             private ICartCommand _command;
105.
106.             public void SetCommand(ICartCommand command)
107.             {
108.                 _command = command;
109.             }
110.
111.             public void ExecuteAction()
112.             {
113.                 _command.Execute();
114.             }
115.
116.             public void UndoAction()
117.             {
118.                 _command.Undo();
119.             }
120.         }
121.
122.         // Testing the Command Design Pattern
123.         // Client Code
124.         public class Program
125.         {
126.             public static void Main(string[] args)
127.             {
```

```
128.            // Receiver
129.            ShoppingCart cart = new ShoppingCart();
130.
131.            // Invoker
132.            UserInterface ui = new UserInterface();
133.
134.            // User adds a product
135.            ui.SetCommand(new AddProductCommand(cart, "Laptop"));
136.            ui.ExecuteAction();
137.
138.            // User removes a product
139.            ui.SetCommand(new RemoveProductCommand(cart, "Laptop"));
140.            ui.ExecuteAction();
141.
142.            // User undoes the remove action
143.            ui.UndoAction();
144.
145.            Console.ReadKey();
146.        }
147.    }
148. }
```

Neste cenário de comércio eletrónico, o padrão Command oferece flexibilidade ao permitir que cada operação do carrinho de compras seja encapsulada na sua própria classe de comando. Isto significa que, se for necessário adicionar mais operações no futuro (por exemplo, aplicar cupões ou visualizar o carrinho), podem ser introduzidas novas classes de comando sem afetar a estrutura existente.

2.4. MEDIADOR

2.4.1. Padrão de desenho de mediador: Conceitos básicos e princípios de implementação

O padrão Mediator representa um padrão de design que permite que vários objectos interajam sem terem de se referir uns aos outros. Isto permite um acoplamento frouxo dos objectos que interagem.

Quando é que o padrão Mediator é utilizado?

• Quando existem muitos objectos interligados, as ligações entre eles são complexas e intrincadas.

• Quando um objeto precisa de ser reutilizado, mas a reutilização é difícil devido a fortes relações com outros objectos.

Esquematicamente, utilizando UML, o padrão pode ser descrito da seguinte forma:

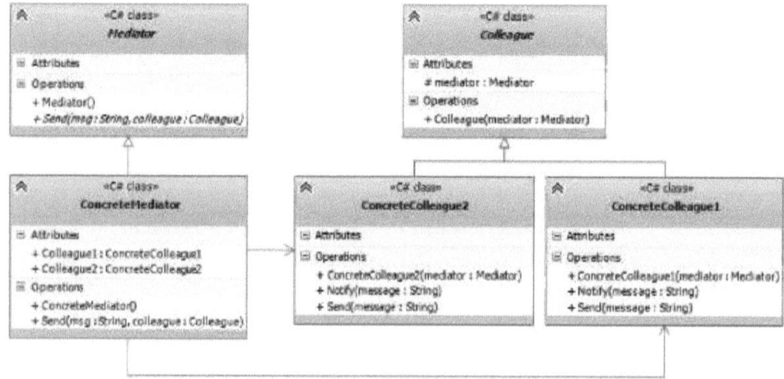

Estrutura formal de classes e ligações entre elas utilizando um padrão em C#:

```csharp
1.  abstract class Mediator
2.  {
3.      public abstract void Send(string msg, Colleague colleague);
4.  }
5.
6.  abstract class Colleague
7.  {
8.      protected Mediator mediator;
9.
10.     public Colleague(Mediator mediator)
11.     {
12.         this.mediator = mediator;
13.     }
14. }
15.
16. class ConcreteColleague1 : Colleague
17. {
18.     public ConcreteColleague1(Mediator mediator)
19.         : base(mediator)
20.     { }
21.
22.     public void Send(string message)
23.     {
24.         mediator.Send(message, this);
25.     }
26.
27.     public void Notify(string message)
28.     { }
29. }
30.
31. class ConcreteColleague2 : Colleague
32. {
33.     public ConcreteColleague2(Mediator mediator)
34.         : base(mediator)
35.     { }
36.
37.     public void Send(string message)
38.     {
39.         mediator.Send(message, this);
40.     }
41.
42.     public void Notify(string message)
43.     { }
44. }
45.
46. class ConcreteMediator : Mediator
47. {
48.     public ConcreteColleague1 Colleague1 { get; set; }
49.     public ConcreteColleague2 Colleague2 { get; set; }
50.     public override void Send(string msg, Colleague colleague)
51.     {
52.         if (Colleague1 == colleague)
53.             Colleague2.Notify(msg);
54.         else
55.             Colleague1.Notify(msg);
56.     }
```

Participantes

- Mediador: Representa a interface para interagir com objectos Colegas
- Colega: Representa a interface para interagir com o objeto Mediador
- ConcreteColleague1 e ConcreteColleague2: Classes Concrete Colleague que comunicam entre si através de um objeto Mediator
- ConcreteMediator: um mediador concreto que implementa uma interface do tipo Mediator

Estrutura

1. Os componentes são várias classes que contêm alguma lógica comercial. Cada componente tem uma referência a um mediador, declarado com o tipo da interface do mediador. O componente não tem conhecimento da classe real do mediador, pelo que pode reutilizar o componente noutros programas ligando-o a um mediador diferente.

2. A interface Mediator declara métodos de comunicação com componentes, que normalmente incluem apenas um único método de notificação. Os componentes podem passar qualquer contexto como argumentos deste método, incluindo os seus próprios objectos, mas apenas de forma a que não ocorra qualquer acoplamento entre um componente recetor e a classe do remetente.

3. Os mediadores concretos encapsulam as relações entre vários componentes. Os mediadores concretos mantêm frequentemente referências a todos os componentes que gerem e, por vezes, até gerem o seu ciclo de vida.

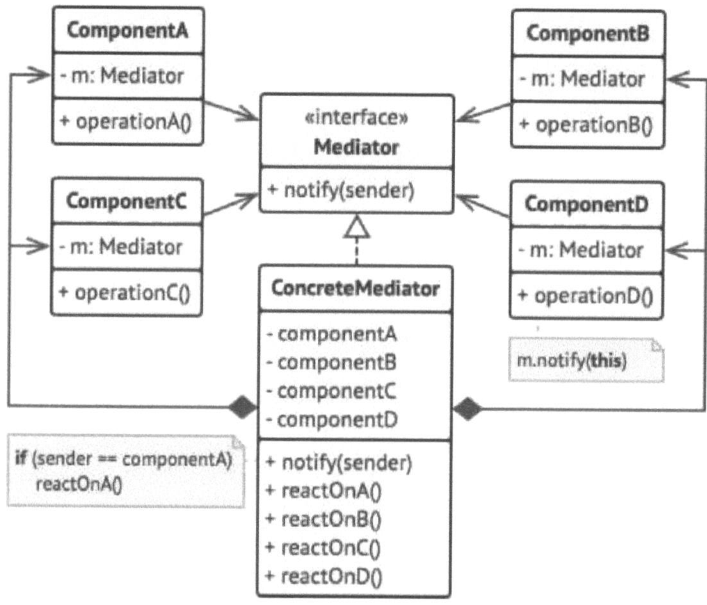

4. Os componentes não devem ter conhecimento de outros componentes. Se algo importante acontece dentro ou para um componente, ele deve notificar apenas o mediador. Quando o mediador recebe a notificação, pode facilmente identificar o remetente, o que pode ser suficiente para decidir que componente deve ser acionado em troca. Do ponto de vista de um componente, tudo parece uma caixa preta total. O remetente não sabe quem

vai acabar por tratar do seu pedido e o recetor não sabe quem enviou o pedido em primeiro lugar.

Pseudocódigo

Neste exemplo, o padrão Mediator ajuda-o a eliminar as dependências mútuas entre várias classes de IU: botões, caixas de verificação e etiquetas de texto.

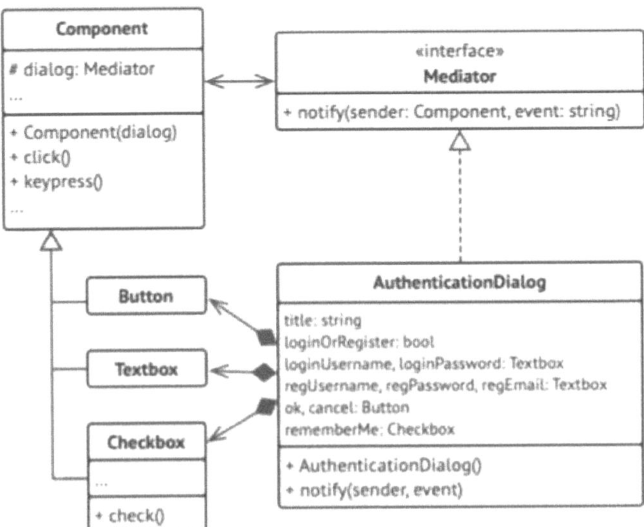

Um elemento, acionado por um utilizador, não comunica diretamente com outros elementos, mesmo que pareça que é suposto fazê-lo. Em vez disso, o elemento só precisa de informar o seu mediador sobre o evento, passando qualquer informação contextual juntamente com essa notificação.

Neste exemplo, todo o diálogo de autenticação actua como mediador. Sabe como os elementos concretos devem colaborar e facilita a sua comunicação indireta. Ao receber uma notificação sobre um evento, a caixa de diálogo decide qual o elemento que deve abordar o evento e redirecciona a chamada em conformidade.

```
1. // The mediator interface declares a method used by components
2. // to notify the mediator about various events. The mediator may
3. // react to these events and pass the execution to other
4. // components.
5. interface Mediator is
6.     method notify(sender: Component, event: string)
```

```
 7.
 8.
 9. // The concrete mediator class. The intertwined web of
10. // connections between individual components has been untangled
11. // and moved into the mediator.
12. class AuthenticationDialog implements Mediator is
13.     private field title: string
14.     private field loginOrRegisterChkBx: Checkbox
15.     private field loginUsername, loginPassword: Textbox
16.     private field registrationUsername, registrationPassword,
17.                     registrationEmail: Textbox
18.     private field okBtn, cancelBtn: Button
19.
20.     constructor AuthenticationDialog() is
21.         // Create all component objects by passing the current
22.         // mediator into their constructors to establish links.
23.
24.     // When something happens with a component, it notifies the
25.     // mediator. Upon receiving a notification, the mediator may
26.     // do something on its own or pass the request to another
27.     // component.
28.     method notify(sender, event) is
29.         if (sender == loginOrRegisterChkBx and event == "check")
30.             if (loginOrRegisterChkBx.checked)
31.                 title = "Log in"
32.                 // 1. Show login form components.
33.                 // 2. Hide registration form components.
34.             else
35.                 title = "Register"
36.                 // 1. Show registration form components.
37.                 // 2. Hide login form components
38.
39.         if (sender == okBtn && event == "click")
40.             if (loginOrRegister.checked)
41.                 // Try to find a user using login credentials.
42.                 if (!found)
43.                     // Show an error message above the login
44.                     // field.
45.             else
46.                 // 1. Create a user account using data from the
47.                 // registration fields.
48.                 // 2. Log that user in.
49.                 // ...
50.
51.
52. // Components communicate with a mediator using the mediator
53. // interface. Thanks to that, you can use the same components in
54. // other contexts by linking them with different mediator
55. // objects.
56. class Component is
57.     field dialog: Mediator
58.
59.     constructor Component(dialog) is
60.         this.dialog = dialog
61.
62.     method click() is
63.         dialog.notify(this, "click")
```

```
64.
65.     method keypress() is
66.         dialog.notify(this, "keypress")
67.
68. // Concrete components don't talk to each other. They have only
69. // one communication channel, which is sending notifications to
70. // the mediator.
71. class Button extends Component is
72.     // ...
73.
74. class Textbox extends Component is
75.     // ...
76.
77. class Checkbox extends Component is
78.     method check() is
79.         dialog.notify(this, "check")
80.     // ...
81.
```

Vejamos um exemplo real. O sistema de criação de produtos de software inclui uma série de actores: clientes, programadores, testadores, etc. Mas, muitas vezes, todos estes actores interagem uns com os outros não diretamente, mas indiretamente através do gestor de projeto. Ou seja, o gestor de projeto desempenha o papel de intermediário. Neste caso, poderíamos descrever o processo de interação entre objectos da seguinte forma:

```
1. class Program
2. {
3.     static void Main(string[] args)
4.     {
5.         ManagerMediator mediator = new ManagerMediator();
6.         Colleague customer = new CustomerColleague(mediator);
7.         Colleague programmer = new ProgrammerColleague(mediator);
8.         Colleague tester = new TesterColleague(mediator);
9.         mediator.Customer = customer;
10.        mediator.Programmer = programmer;
11.        mediator.Tester = tester;
12.         customer.Send("We have an order, we need to make a program ");
13.        programmer.Send("The program is ready, we need to test it ");
14.         tester.Send("The program has been tested and is ready for sale");
15.
16.        Console.Read();
17.    }
18. }
19.
20. abstract class Mediator
21. {
```

```csharp
22.        public abstract void Send(string msg, Colleague colleague);
23. }
24. abstract class Colleague
25. {
26.        protected Mediator mediator;
27.
28.        public Colleague(Mediator mediator)
29.        {
30.            this.mediator = mediator;
31.        }
32.
33.        public virtual void Send(string message)
34.        {
35.            mediator.Send(message, this);
36.        }
37.        public abstract void Notify(string message);
38. }
39.
40. class CustomerColleague : Colleague
41. {
42.        public CustomerColleague(Mediator mediator)
43.            : base(mediator)
44.        { }
45.
46.        public override void Notify(string message)
47.        {
48.            Console.WriteLine("Message to the customer: " + message);
49.        }
50. }
51.
52. class ProgrammerColleague : Colleague
53. {
54.        public ProgrammerColleague(Mediator mediator)
55.            : base(mediator)
56.        { }
57.
58.        public override void Notify(string message)
59.        {
60.            Console.WriteLine("Message to the programmer: " + message);
61.        }
62. }
63.
64. class TesterColleague : Colleague
65. {
66.        public TesterColleague(Mediator mediator)
67.            : base(mediator)
68.        { }
69.
70.        public override void Notify(string message)
71.        {
72.            Console.WriteLine("Message to tester: " + message);
73.        }
74. }
75.
76. class ManagerMediator : Mediator
77. {
78.        public Colleague Customer { get; set; }
```

```
79.     public Colleague Programmer { get; set; }
80.     public Colleague Tester { get; set; }
81.     public override void Send(string msg, Colleague colleague)
82.     {
83.         // if the sender is a customer, then there is a new order
84.         // send a message to the programmer - complete the order
85.         if (Customer == colleague)
86.             Programmer.Notify(msg);
87.         // if the sender is a programmer, then you can start testing
88.         // send a message to the tester
89.         else if (Programmer == colleague)
90.             Tester.Notify(msg);
91.         // if the sender is a test, then the product is ready
92.         // send a message to the customer
93.         else if (Tester == colleague)
94.             Customer.Notify(msg);
95.     }
96. }
97.
```

Classe Manager - ManagerMediator no método Send() verifica de quem veio a mensagem e, dependendo do remetente, reencaminha-a para outro objeto utilizando os métodos Notify() definidos na classe Colleague.

Como resultado, a utilização do padrão Mediator dá-nos as seguintes vantagens:

- Elimina o forte acoplamento entre os objectos do Colleague
- A interação entre objectos é simplificada: em vez de relações todos-para-todos, é utilizada uma relação um-para-todos
- A interação entre objectos é abstraída e colocada numa interface separada
- Centraliza a gestão das relações entre objectos

Prós e contras

>   / *Princípio da responsabilidade única.* X Com o tempo, um mediador pode evoluir para um extrair as comunicações entre   Deus Objeto.
vários componentes num único local, tornando-o mais fácil de compreender e manter.
>   / *É* possível introduzir novos mediadores sem ter de alterar os componentes actuais.
É possível reduzir o acoplamento entre vários componentes de um programa.
>   У É possível reutilizar componentes individuais mais facilmente.

Relações com outros padrões

A cadeia de responsabilidade, o comando, o mediador e o observador abordam várias formas de ligar os emissores e os receptores de pedidos:

A cadeia de responsabilidade passa um pedido sequencialmente ao longo de uma cadeia dinâmica de potenciais receptores até que um deles o trate.

O comando estabelece ligações unidireccionais entre emissores e receptores.

O mediador elimina as ligações directas entre emissores e receptores, forçando-os a comunicar indiretamente através de um objeto mediador.

O observador permite que os receptores subscrevam e cancelem dinamicamente a receção de pedidos.

O Facade e o Mediator têm funções semelhantes: tentam organizar a colaboração entre muitas classes fortemente acopladas.

A fachada define uma interface simplificada para um subsistema de objectos, mas não introduz qualquer nova funcionalidade. O próprio subsistema não tem conhecimento da fachada. Os objectos dentro do subsistema podem comunicar diretamente.

O mediador centraliza a comunicação entre os componentes do sistema. Os componentes apenas conhecem o objeto mediador e não comunicam diretamente.

A diferença entre Mediator e Observer é muitas vezes ilusória. Na maioria dos casos, é possível implementar qualquer um desses padrões, mas às vezes é possível aplicar os dois simultaneamente. Vamos ver como podemos fazer isso.

O principal objetivo do Mediator é eliminar as dependências mútuas entre um conjunto de componentes do sistema. Em vez disso, estes componentes tornam-se dependentes de um único objeto mediador. O objetivo do Observador é estabelecer ligações dinâmicas unidireccionais entre objectos, em que alguns objectos actuam como subordinados de outros.

2.4.2. Exemplos em tempo real de padrões de design de comandos em C#

**2.4.2.1.	Exemplo em tempo real do padrão de design Mediator em C#: Sala de bate-papo**

Um chatroom é um exemplo clássico do padrão Mediator. Os utilizadores enviam mensagens para o chatroom e este transmite a mensagem a todos os participantes. Vamos ver como podemos implementar o exemplo acima usando o padrão de projeto Interpreter em C#:

```csharp
1. using System;
2. using System.Collections.Generic;
3. using System.Linq;
4.
5. namespace MediatorDesignPattern
6. {
7.     // Mediator
8.     public interface IChatRoom
9.     {
10.         void Register(Participant participant);
11.         void Send(string from, string to, string message);
12.     }
13.
14.     public class ChatRoom : IChatRoom
15.     {
```

```csharp
16.            private Dictionary<string, Participant> _participants = new
Dictionary<string, Participant>();
17.
18.        public void Register(Participant participant)
19.        {
20.            if (!_participants.ContainsValue(participant))
21.            {
22.                _participants[participant.Name] = participant;
23.                participant.ChatRoom = this;
24.            }
25.        }
26.
27.        public void Send(string from, string to, string message)
28.        {
29.            Participant participant = _participants[to];
30.            if (participant != null)
31.            {
32.                participant.Receive(from, message);
33.            }
34.        }
35.    }
36.
37.    // Colleague
38.    public class Participant
39.    {
40.        public string Name { get; private set; }
41.        public IChatRoom ChatRoom { get; set; }
42.
43.        public Participant(string name)
44.        {
45.            Name = name;
46.        }
47.
48.        public void Send(string to, string message)
49.        {
50.            ChatRoom.Send(Name, to, message);
51.        }
52.
53.        public void Receive(string from, string message)
54.        {
55.            Console.WriteLine($"{from} to {Name}: '{message}'");
56.        }
57.    }
58.
59.    // Testing the Mediator Design Pattern
60.    // Client Code
61.    public class Client
62.    {
63.        public static void Main()
64.        {
65.            var chatroom = new ChatRoom();
66.
67.            var john = new Participant("John");
68.            var jane = new Participant("Jane");
69.
70.            chatroom.Register(john);
71.            chatroom.Register(jane);
72.
73.            john.Send("Jane", "Hey there!");
74.            jane.Send("John", "Hi John!");
75.
76.            Console.ReadKey();
77.        }
78.    }
79. }
80.
```

2.4.2.2. Exemplo em tempo real do padrão de design Mediator em C#: Sistema de Despacho de Táxi

Num sistema de despacho de táxis, os condutores e os passageiros podem comunicar indiretamente através do sistema central (Mediador). Os passageiros pedem boleias e os condutores disponíveis são notificados. Quando um condutor aceita, o passageiro é notificado. Vamos ver como podemos implementar o exemplo acima usando o Padrão de Design de Interpretador em C#:

```
1. using System;
2. using System.Collections.Generic;
3. using System.Linq;
4.
5. namespace MediatorDesignPattern
6. {
7.     // Mediator
8.     public interface IDispatchSystem
9.     {
10.         void RegisterDriver(Driver driver);
11.         void RequestRide(Passenger passenger, string destination);
12.         void RideAccepted(Driver driver, Passenger passenger);
13.     }
14.
15.     public class TaxiDispatch : IDispatchSystem
16.     {
17.         private List<Driver> _availableDrivers = new List<Driver>();
18.         private Dictionary<Passenger, string> _waitingPassengers =
new Dictionary<Passenger, string>();
19.
20.         public void RegisterDriver(Driver driver)
21.         {
22.             if (!_availableDrivers.Contains(driver))
23.             {
24.                 _availableDrivers.Add(driver);
25.                 driver.SetMediator(this);
26.             }
27.         }
28.
```

```csharp
29.             public void RequestRide(Passenger passenger, string
destination)
30.         {
31.             if (_availableDrivers.Any())
32.             {
33.                 var driver = _availableDrivers.First();
34.                 _waitingPassengers[passenger] = destination;
35.                 driver.NotifyRideRequest(passenger, destination);
36.             }
37.         }
38.
39.         public void RideAccepted(Driver driver, Passenger passenger)
40.         {
41.             if (_waitingPassengers.ContainsKey(passenger))
42.             {
43.                 _availableDrivers.Remove(driver);
44.                 _waitingPassengers.Remove(passenger);
45.                 passenger.NotifyRideAccepted(driver);
46.             }
47.         }
48.     }
49.
50.     // Colleagues
51.     public class Driver
52.     {
53.         public string Name { get; }
54.         private IDispatchSystem _mediator;
55.
56.         public Driver(string name)
57.         {
58.             Name = name;
59.         }
60.
61.         public void SetMediator(IDispatchSystem mediator)
62.         {
63.             _mediator = mediator;
64.         }
65.
66.             public void NotifyRideRequest(Passenger passenger, string
destination)
67.         {
68.                 Console.WriteLine($"{Name} received ride request from
{passenger.Name} to {destination}.");
69.             // When the driver accepts the ride
70.             _mediator.RideAccepted(this, passenger);
71.         }
72.     }
73.
74.     public class Passenger
75.     {
76.         public string Name { get; }
77.         private IDispatchSystem _mediator;
78.
79.         public Passenger(string name, IDispatchSystem mediator)
80.         {
81.             Name = name;
82.             _mediator = mediator;
```

```
83.          }
84.
85.          public void RequestRide(string destination)
86.          {
87.              _mediator.RequestRide(this, destination);
88.          }
89.
90.          public void NotifyRideAccepted(Driver driver)
91.          {
92.                  Console.WriteLine($"{Name}'s ride request has been
accepted by {driver.Name}.");
93.          }
94.      }
95.
96.      // Testing the Mediator Design Pattern
97.      // Client Code
98.      public class Client
99.      {
100.         public static void Main()
101.         {
102.             var dispatch = new TaxiDispatch();
103.
104.             var driverJohn = new Driver("John");
105.             dispatch.RegisterDriver(driverJohn);
106.
107.             var passengerAlice = new Passenger("Alice", dispatch);
108.             passengerAlice.RequestRide("Central Park");
109.
110.             Console.ReadKey();
111.         }
112.     }
113. }
```

2.4.2.3. Exemplo em tempo real do padrão de design Mediator em C#: Bolsa de Valores

Num sistema de bolsa de valores, os operadores não compram e vendem acções diretamente uns aos outros. Eles colocam ordens, e um sistema centralizado (o Mediator) combina as ordens de compra e venda. Vamos ver como podemos implementar o exemplo acima usando o padrão de projeto Interpreter em C#:

```
1. using System;
2. using System.Collections.Generic;
3. using System.Linq;
4.
5. namespace MediatorDesignPattern
6. {
7.     // Mediator
8.     public interface IStockExchange
```

```csharp
9.      {
10.             void PlaceOrder(Trader trader, string stockSymbol, int
quantity, OrderType orderType);
11.      }
12.
13.     public class StockExchange : IStockExchange
14.     {
15.         // Simplified order-matching logic for illustration purposes
16.             private Dictionary<string, List<Order>> _buyOrders = new
Dictionary<string, List<Order>>();
17.             private Dictionary<string, List<Order>> _sellOrders = new
Dictionary<string, List<Order>>();
18.
19.             public void PlaceOrder(Trader trader, string stockSymbol,
int quantity, OrderType orderType)
20.             {
21.                 var order = new Order(trader, stockSymbol, quantity,
orderType);
22.
23.                     if (orderType == OrderType.Buy &&
_sellOrders.ContainsKey(stockSymbol) && _sellOrders[stockSymbol].Any())
24.             {
25.                 var matchingOrder = _sellOrders[stockSymbol].First();
26.                 ExecuteTrade(order, matchingOrder);
27.                 _sellOrders[stockSymbol].Remove(matchingOrder);
28.             }
29.                     else if (orderType == OrderType.Sell &&
_buyOrders.ContainsKey(stockSymbol) && _buyOrders[stockSymbol].Any())
30.             {
31.                 var matchingOrder = _buyOrders[stockSymbol].First();
32.                 ExecuteTrade(order, matchingOrder);
33.                 _buyOrders[stockSymbol].Remove(matchingOrder);
34.             }
35.             else
36.             {
37.                 if (orderType == OrderType.Buy)
38.                 {
39.                         if (!_buyOrders.ContainsKey(stockSymbol))
_buyOrders[stockSymbol] = new List<Order>();
40.                     _buyOrders[stockSymbol].Add(order);
41.                 }
42.                 else
43.                 {
44.                         if (!_sellOrders.ContainsKey(stockSymbol))
_sellOrders[stockSymbol] = new List<Order>();
45.                     _sellOrders[stockSymbol].Add(order);
46.                 }
47.             }
48.         }
49.
50.         private void ExecuteTrade(Order buyOrder, Order sellOrder)
51.         {
52.             Console.WriteLine($"Trade executed: {buyOrder.StockSymbol}
- {buyOrder.Quantity} shares @ market price");
53.         }
54.     }
55.
```

```csharp
56.     public enum OrderType { Buy, Sell }
57.
58.     public class Order
59.     {
60.         public Trader Trader { get; }
61.         public string StockSymbol { get; }
62.         public int Quantity { get; }
63.         public OrderType OrderType { get; }
64.
65.         public Order(Trader trader, string stockSymbol, int quantity,
OrderType orderType)
66.         {
67.             Trader = trader;
68.             StockSymbol = stockSymbol;
69.             Quantity = quantity;
70.             OrderType = orderType;
71.         }
72.     }
73.
74.     public class Trader
75.     {
76.         private IStockExchange _mediator;
77.         public string Name { get; }
78.
79.         public Trader(string name, IStockExchange mediator)
80.         {
81.             Name = name;
82.             _mediator = mediator;
83.         }
84.
85.         public void PlaceOrder(string stockSymbol, int quantity,
OrderType orderType)
86.         {
87.             _mediator.PlaceOrder(this, stockSymbol, quantity,
orderType);
88.         }
89.     }
90.
91.     // Testing the Mediator Design Pattern
92.     // Client Code
93.     public class Client
94.     {
95.         public static void Main()
96.         {
97.             var stockExchange = new StockExchange();
98.
99.             var traderBob = new Trader("Bob", stockExchange);
100.            var traderAlice = new Trader("Alice", stockExchange);
101.
102.            traderBob.PlaceOrder("AAPL", 100, OrderType.Buy);
103.            traderAlice.PlaceOrder("AAPL", 100, OrderType.Sell);
104.
105.            Console.ReadKey();
106.         }
107.     }
108. }
109.
```

2.4.2.4. Exemplo em tempo real do padrão de design Mediator em C#: Sistema de Leilão Online

Considere um sistema de leilões em linha em que os licitantes podem licitar um artigo. Toda a comunicação entre os licitantes e o leiloeiro será efectuada através do sistema de leilões (Mediador). Vamos ver como podemos implementar o exemplo acima usando o padrão de design Interpreter em C#:

```csharp
1. using System;
2. using System.Collections.Generic;
3. using System.Linq;
4.
5. namespace MediatorDesignPattern
6. {
7.     // Mediator
8.     public interface IAuctionMediator
9.     {
10.         void PlaceBid(Bidder bidder, decimal amount);
11.         void RegisterBidder(Bidder bidder);
12.         void StartAuction(decimal startPrice);
13.         void CloseAuction();
14.     }
15.
16.     public class Auction : IAuctionMediator
17.     {
18.         private decimal _currentPrice;
19.         private Bidder _highestBidder;
20.         private List<Bidder> _bidders = new List<Bidder>();
21.
22.         public void RegisterBidder(Bidder bidder)
23.         {
24.             _bidders.Add(bidder);
25.             bidder.JoinAuction(this);
26.         }
27.
28.         public void StartAuction(decimal startPrice)
29.         {
30.             _currentPrice = startPrice;
31.                     Console.WriteLine($"Auction  started  at  price:
{startPrice}");
32.         }
33.
34.         public void PlaceBid(Bidder bidder, decimal amount)
35.         {
36.             if (amount > _currentPrice)
37.             {
38.                 _currentPrice = amount;
```

```csharp
39.                     _highestBidder = bidder;
40.                     Console.WriteLine($"{bidder.Name} is the highest
bidder with {amount}!");
41.                 }
42.                 else
43.                 {
44.                     Console.WriteLine($"{bidder.Name}'s bid of {amount}
is below the current highest bid.");
45.                 }
46.         }
47.
48.         public void CloseAuction()
49.         {
50.             Console.WriteLine($"Auction closed! {_highestBidder.Name}
wins with a bid of {_currentPrice}!");
51.         }
52.     }
53.
54.     // Colleague
55.     public class Bidder
56.     {
57.         public string Name { get; private set; }
58.         private IAuctionMediator _auction;
59.
60.         public Bidder(string name)
61.         {
62.             Name = name;
63.         }
64.
65.         public void JoinAuction(IAuctionMediator auction)
66.         {
67.             _auction = auction;
68.         }
69.
70.         public void Bid(decimal amount)
71.         {
72.             _auction.PlaceBid(this, amount);
73.         }
74.     }
75.
76.     // Testing the Mediator Design Pattern
77.     // Client Code
78.     public class Client
79.     {
80.         public static void Main()
81.         {
82.             var auction = new Auction();
83.
84.             var bidderJohn = new Bidder("John");
85.             var bidderJane = new Bidder("Jane");
86.
87.             auction.RegisterBidder(bidderJohn);
88.             auction.RegisterBidder(bidderJane);
89.
90.             auction.StartAuction(100);
91.             bidderJohn.Bid(120);
92.             bidderJane.Bid(130);

93.             bidderJohn.Bid(140);
94.
95.             auction.CloseAuction();
96.
97.             Console.ReadKey();
98.         }
99.     }
100. }
101.
```

Neste exemplo:

• Leilão (Mediador): Representa o sistema de leilão onde os proponentes podem efetuar licitações. Mantém o registo da licitação mais elevada e do proponente com a licitação mais elevada.

• Licitante (Colega): Representa um indivíduo ou entidade que pode colocar uma licitação num item. Comunicam com o sistema de leilão para apresentar as suas licitações.

O padrão Mediator, neste caso, garante que os licitantes não precisam de saber uns dos outros, e todas as interacções são centralizadas no mediador Auction. Isso torna mais fácil adicionar mais funcionalidades ou alterar as regras de licitação no futuro, uma vez que as alterações serão feitas principalmente na classe Leilão.

2.4.2.5. Exemplo em tempo real do padrão de design Mediator em C#: Portal de empregos

Os empregadores podem publicar ofertas de emprego num portal de emprego e os candidatos a emprego podem candidatar-se. O portal actua como um mediador, facilitando a interação entre os candidatos a emprego e os empregadores. Vamos ver como podemos implementar o exemplo acima usando o padrão de projeto Interpreter em C#:

```
1. using System;
2. using System.Collections.Generic;
3.
4. namespace MediatorDesignPattern
5. {
6.     // Mediator
7.     public interface IJobPortal
```

```csharp
8.     {
9.          void PostJob(Employer employer, string jobDescription);
10.          void Apply(JobSeeker seeker, string jobDescription);
11.     }
12.
13.     public class JobPortal : IJobPortal
14.     {
15.                  private Dictionary<string, Employer> _jobs = new
Dictionary<string, Employer>();
16.
17.          public void PostJob(Employer employer, string jobDescription)
18.          {
19.              _jobs[jobDescription] = employer;
20.                  Console.WriteLine($"{employer.Name} posted a job:
{jobDescription}");
21.          }
22.
23.          public void Apply(JobSeeker seeker, string jobDescription)
24.          {
25.                  if (_jobs.TryGetValue(jobDescription, out Employer
employer))
26.              {
27.                      Console.WriteLine($"{seeker.Name} applied for
{employer.Name}'s job: {jobDescription}");
28.                  employer.ReceiveApplication(seeker, jobDescription);
29.              }
30.          }
31.     }
32.
33.     // Colleague
34.     public class Employer
35.     {
36.         public string Name { get; private set; }
37.         private IJobPortal _portal;
38.
39.         public Employer(string name, IJobPortal portal)
40.         {
41.             Name = name;
42.             _portal = portal;
43.         }
44.
45.         public void PostJob(string description)
46.         {
47.             _portal.PostJob(this, description);
48.         }
49.
50.             public void ReceiveApplication(JobSeeker seeker, string
jobDescription)
51.         {
52.                  Console.WriteLine($"Received an application from
{seeker.Name} for job: {jobDescription}");
53.         }
54.     }
55.
56.     public class JobSeeker
57.     {
58.         public string Name { get; private set; }
```

```
59.        private IJobPortal _portal;
60.
61.        public JobSeeker(string name, IJobPortal portal)
62.        {
63.            Name = name;
64.            _portal = portal;
65.        }
66.
67.        public void Apply(string jobDescription)
68.        {
69.            _portal.Apply(this, jobDescription);
70.        }
71.    }
72.
73.    // Testing the Mediator Design Pattern
74.    // Client Code
75.    public class Client
76.    {
77.        public static void Main()
78.        {
79.            // Usage
80.            var jobPortal = new JobPortal();
81.
82.            var employer = new Employer("TechCorp", jobPortal);
83.            var jobSeeker = new JobSeeker("John", jobPortal);
84.
85.            employer.PostJob("Software Engineer");
86.            jobSeeker.Apply("Software Engineer");
87.
88.            Console.ReadKey();
89.        }
90.    }
91. }
```

2.5. ESTRATÉGIA

2.5.1. Padrão de conceção de estratégia: Conceitos básicos e princípios de implementação

O padrão Strategy representa um padrão de design que define um conjunto de algoritmos, encapsula cada um deles e torna-os intermutáveis. Dependendo da situação, podemos facilmente substituir um algoritmo utilizado por outro. Neste caso, a substituição do algoritmo ocorre independentemente do objeto que utiliza esse algoritmo.

Quando utilizar a estratégia?

• Quando existem várias classes relacionadas que diferem em termos de comportamento. É possível definir uma classe principal e colocar diferentes opções de comportamento em classes separadas e aplicá-las, se necessário

• Quando é necessário fornecer uma escolha entre várias opções de algoritmos que podem ser facilmente alteradas em função das condições

• Quando é necessário alterar o comportamento dos objectos na fase de execução do programa

• Quando a classe que utiliza uma determinada funcionalidade não precisa de saber nada sobre a sua implementação

Formalmente, o padrão Strategy pode ser expresso pelo seguinte diagrama UML:

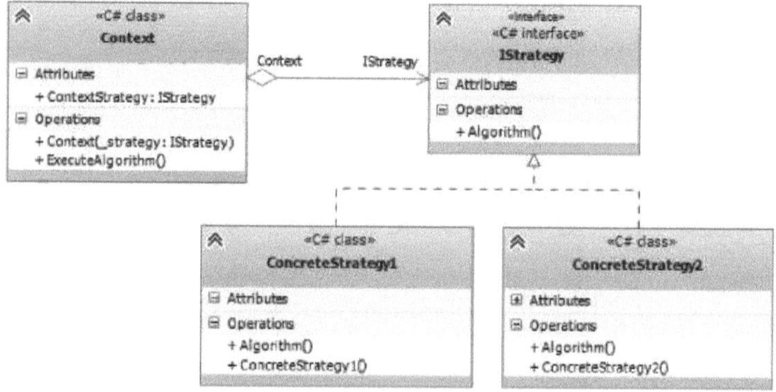

Uma definição formal de um padrão em C# pode ser assim:

```csharp
1. public interface IStrategy
2. {
3.      void Algorithm();
4. }
5.
6. public class ConcreteStrategy1 : IStrategy
7. {
8.      public void Algorithm()
9.      {}
10. }
11.
12. public class ConcreteStrategy2 : IStrategy
13. {
14.      public void Algorithm()
15.      {}
16. }
17.
18. public class Context
19. {
20.      public IStrategy ContextStrategy { get; set; }
21.
22.      public Context(IStrategy _strategy)
23.      {
24.          ContextStrategy = _strategy;
25.      }
26.
27.      public void ExecuteAlgorithm()
28.      {
29.          ContextStrategy.Algorithm();
30.      }
31. }
```

Participantes

Como se pode ver no diagrama, existem os seguintes participantes:

• Uma interface IStrategy que define o método Algorithm(). Esta é uma interface comum a todos os algoritmos que a implementam. Em vez de uma interface, pode também ser utilizada uma classe abstrata.

• As classes ConcreteStrategy1 e ConcreteStrategy, que implementam a interface IStrategy fornecendo a sua própria versão do método Algorithm(). Podem existir muitas classes de implementação deste tipo.

• A classe Context armazena uma referência a um objeto IStrategy e está associada à interface IStrategy através de uma relação de agregação.

Neste caso, o objeto IStrategy está contido na propriedade ContextStrategy, embora também seja possível definir uma variável privada para ele e utilizar um método especial para a definição dinâmica.

Estrutura

Assim, a estrutura generalizada do padrão tem a seguinte forma

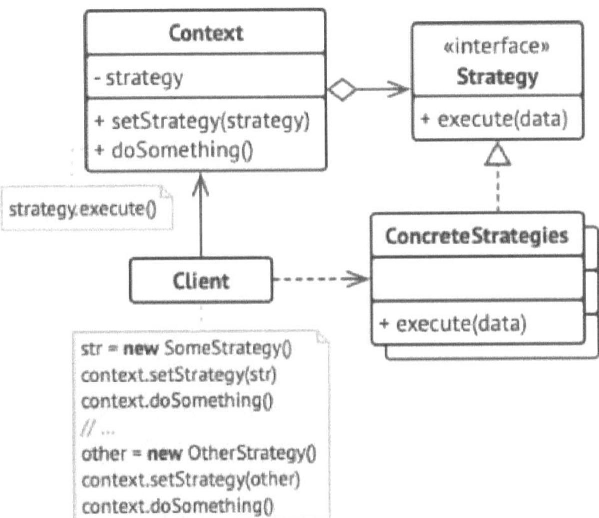

1. O Context mantém uma referência a uma das estratégias concretas e comunica com este objeto apenas através da interface da estratégia.

2. A interface Strategy é comum a todas as estratégias concretas. Declara um método que o contexto utiliza para executar uma estratégia.

3. As estratégias concretas implementam diferentes variações de um algoritmo que o contexto utiliza.

4. O contexto chama o método de execução no objeto de estratégia ligado sempre que necessita de executar o algoritmo. O contexto não sabe com que tipo de estratégia trabalha nem como o algoritmo é executado.

5. O cliente cria um objeto de estratégia específico e passa-o para o contexto. O contexto expõe um setter que permite aos clientes substituir a estratégia associada ao contexto em tempo de execução.

Pseudocódigo

Neste exemplo, o contexto utiliza várias estratégias para executar várias operações aritméticas.

```
1.  // The strategy interface declares operations common to all
2.  // supported versions of some algorithm. The context uses this
3.  // interface to call the algorithm defined by the concrete
4.  // strategies.
5.  interface Strategy is
6.      method execute(a, b)
7.
8.  // Concrete strategies implement the algorithm while following
9.  // the base strategy interface. The interface makes them
10. // interchangeable in the context.
11. class ConcreteStrategyAdd implements Strategy is
12.     method execute(a, b) is
13.         return a + b
14.
15. class ConcreteStrategySubtract implements Strategy is
16.     method execute(a, b) is
17.         return a - b
18.
19. class ConcreteStrategyMultiply implements Strategy is
20.     method execute(a, b) is
21.         return a * b
22.
23. // The context defines the interface of interest to clients.
24. class Context is
25.     // The context maintains a reference to one of the strategy
26.     // objects. The context doesn't know the concrete class of a
27.     // strategy. It should work with all strategies via the
28.     // strategy interface.
29.     private strategy: Strategy
30.
31.     // Usually the context accepts a strategy through the
32.     // constructor, and also provides a setter so that the
33.     // strategy can be switched at runtime.
34.     method setStrategy(Strategy strategy) is
35.         this.strategy = strategy
36.
37.     // The context delegates some work to the strategy object
38.     // instead of implementing multiple versions of the
39.     // algorithm on its own.
40.     method executeStrategy(int a, int b) is
41.         return strategy.execute(a, b)
42.
43.
44. // The client code picks a concrete strategy and passes it to
45. // the context. The client should be aware of the differences
46. // between strategies in order to make the right choice.
47. class ExampleApplication is
48.     method main() is
49.         Create context object.
50.
51.         Read first number.
52.         Read last number.
53.         Read the desired action from user input.
54.
55.         if (action == addition) then
56.             context.setStrategy(new ConcreteStrategyAdd())
57.
58.         if (action == subtraction) then
59.             context.setStrategy(new ConcreteStrategySubtract())
60.
61.         if (action == multiplication) then
62.             context.setStrategy(new ConcreteStrategyMultiply())
63.
64.         result = context.executeStrategy(First number, Second number)
65.
66.         Print result.
67.
```

Vejamos agora um exemplo específico. Existem vários automóveis de passageiros que utilizam diferentes fontes de energia: eletricidade, gasolina, gás, etc. Existem também os veículos híbridos. Em geral, são semelhantes e diferem principalmente no tipo de fonte de energia. Para além disso, podemos alterar a fonte de energia utilizada modificando o automóvel. E, neste caso, é perfeitamente possível aplicar a estratégia do padrão:

```
1. class Program
2. {
3.     static void Main(string[] args)
4.     {
5.         Car auto = new Car(4, "Volvo", new PetrolMove());
6.         auto.Move();
7.         auto.Movable = new ElectricMove();
8.         auto.Move();
9.
10.        Console.ReadLine();
11.    }
12. }
13. interface IMovable
14. {
15.     void Move();
16. }
17.
18. class PetrolMove : IMovable
19. {
20.     public void Move()
21.     {
22.         Console.WriteLine("Traveling on gasoline");
23.     }
24. }
25.
26. class ElectricMove : IMovable
27. {
28.     public void Move()

29.     {
30.         Console.WriteLine("Moving on electricity ");
31.     }
32. }
33. class Car
34. {
35.     protected int passengers;
36.     protected string model;
37.
38.     public Car(int num, string model, IMovable mov)
39.     {
40.         this.passengers = num;
41.         this.model = model;
42.         Movable = mov;
43.     }
44.     public IMovable Movable { private get; set; }
45.     public void Move()
46.     {
47.         Movable.Move();
48.     }
49. }
```

ф Prós e contras

x Se você tem apenas alguns algoritmos e eles raramente mudam, não há razão real para complicar demais o programa com novas classes e interfaces que vêm junto com o padrão.

x Os clientes devem estar conscientes das diferenças entre as estratégias para poderem selecionar a mais adequada.

X Muitas linguagens de programação modernas têm suporte para tipos funcionais que permitem implementar diferentes versões de um algoritmo dentro de um conjunto de funções anónimas. Assim, pode utilizar estas funções exatamente como utilizaria os objectos de estratégia, mas sem sobrecarregar o seu código com classes e interfaces extra.

Relações com outros padrões

• Bridge, State, Strategy (e, até certo ponto, Adapter) têm estruturas muito semelhantes. De facto, todos estes padrões se baseiam na composição, que consiste em delegar trabalho a outros objectos. No entanto, todos eles resolvem problemas diferentes. Um padrão não é apenas uma receita para estruturar seu código de uma maneira específica. Ele também pode comunicar a outros desenvolvedores o problema que o padrão resolve.

• Command e Strategy podem parecer semelhantes porque ambos podem ser utilizados para parametrizar um objeto com alguma ação. No entanto, têm objectivos muito diferentes.

• O Decorator permite-lhe alterar a pele de um objeto, enquanto o Strategy lhe permite alterar as entranhas.

• O Template Method baseia-se na herança: permite-lhe alterar partes de um algoritmo estendendo essas partes em subclasses. A estratégia baseia-se na composição: pode alterar partes do comportamento de um objeto fornecendo-lhe diferentes estratégias que correspondem a esse comportamento. O Template Method funciona ao nível da classe, por isso é estático. A estratégia funciona ao nível do objeto, permitindo-lhe alterar os comportamentos em tempo de execução.

• O padrão State pode ser considerado como uma extensão do padrão Strategy. Ambos os padrões são baseados em composição: eles mudam o comportamento do contexto delegando algum trabalho a objetos auxiliares. O Strategy faz com que esses objetos sejam completamente independentes e não tenham conhecimento uns dos outros. No entanto, o State não restringe as dependências entre estados concretos, permitindo que eles alterem o estado do contexto à vontade.

2.5.2. Exemplos em tempo real do padrão de design de estratégia em C#

2.5.2.1. Exemplo em tempo real do padrão de design de estratégia em C#: Filtros de Processamento de Imagens

Imagine que está a construir uma aplicação de processamento de imagem que fornece vários filtros de imagem. Cada filtro é um algoritmo que processa uma imagem e dá um resultado. Alguns dos filtros podem ser "Preto e branco", "Sépia", "Ajuste de brilho", etc. Utilizando o padrão de estratégia, cada filtro pode ser representado como uma estratégia. Vamos ver como podemos implementar o exemplo acima usando o Strategy Design Pattern em C#:

```csharp
1. using System;
2. namespace StrategyDesignPattern
3. {
4.     // Assume Image is some pre-defined class for this example.
5.     public class Image
6.     {
7.         public string Path { get; set; }
8.         public string Alt { get; set; }
9.     }
10.
11.     //Strategy (Interface)
12.     public interface IFilterStrategy
```

```csharp
13.     {
14.         void ApplyFilter(Image image);
15.     }
16.
17.     //Concrete Strategies
18.     public class BlackAndWhiteFilter : IFilterStrategy
19.     {
20.         public void ApplyFilter(Image image)
21.         {
22.             // Apply black and white filter logic to the image
23.             Console.WriteLine("Applying Black and White Filter");
24.         }
25.     }
26.
27.     public class SepiaFilter : IFilterStrategy
28.     {
29.         public void ApplyFilter(Image image)
30.         {
31.             // Apply sepia filter logic to the image
32.             Console.WriteLine("Applying Sepia Filter");
33.         }
34.     }
35.
36.     public class BrightnessAdjustment : IFilterStrategy
37.     {
38.         private int _level;
39.
40.         public BrightnessAdjustment(int level)
41.         {
42.             _level = level;
43.         }
44.
45.         public void ApplyFilter(Image image)
46.         {
47.             // Adjust the brightness of the image by the given level
48.                 Console.WriteLine($"Adjusting Brightness by level: {_level}");
49.         }
50.     }
51.
52.     //Context
53.     public class ImageProcessor
54.     {
55.         private IFilterStrategy _filter;
56.
57.         public ImageProcessor(IFilterStrategy filter)
58.         {
59.             _filter = filter;
60.         }
61.
62.         public void Process(Image image)
63.         {
64.             _filter.ApplyFilter(image);
65.         }
66.     }
67.
68.     // Testing the Strategy Design Pattern
```

```
69.    // Client Code
70.    public class Client
71.    {
72.        public static void Main()
73.        {
74.            Image sampleImage = new Image();
75.
76.            // Apply Black and White filter
77.                ImageProcessor processor = new ImageProcessor(new
BlackAndWhiteFilter());
78.            processor.Process(sampleImage);
79.
80.            // Apply Sepia filter
81.            processor = new ImageProcessor(new SepiaFilter());
82.            processor.Process(sampleImage);
83.
84.            // Adjust brightness
85.                            processor   =   new   ImageProcessor(new
BrightnessAdjustment(20)); // Increase brightness by level 20
86.            processor.Process(sampleImage);
87.
88.            Console.ReadKey();
89.        }
90.    }
91. }
```

Neste exemplo, cada filtro é uma estratégia e a classe ImageProcessor é o contexto. A lógica de processamento adequada é aplicada consoante o filtro (estratégia) que fornece ao ImageProcessor. Esta abordagem garante que o algoritmo de cada filtro é encapsulado na respectiva classe, facilitando a adição ou modificação de filtros sem afetar o ImageProcessor ou outros filtros.

2.5.2.2.   Exemplo em tempo real do padrão de design de estratégia em C#: Compressão de imagem

Vamos entender outro exemplo em tempo real: Compressão de imagens. Suponha que tem uma aplicação de edição de imagem e quer oferecer aos utilizadores vários algoritmos de compressão. Vamos ver como podemos implementar o exemplo acima usando o Strategy Design Pattern em C#:

```
1. using System;
```

```csharp
2. namespace StrategyDesignPattern
3. {
4.     //Strategy (Interface)
5.     public interface ICompressionStrategy
6.     {
7.         void Compress(string fileName);
8.     }
9.
10.    //Concrete Strategies
11.    public class JPEGCompression : ICompressionStrategy
12.    {
13.        public void Compress(string fileName)
14.        {
15.         // Logic to compress using JPEG (simplified for illustration)
16.            Console.WriteLine($"Compressing {fileName} using JPEG
compression.");
17.        }
18.    }
19.
20.    public class PNGCompression : ICompressionStrategy
21.    {
22.        public void Compress(string fileName)
23.        {
24.          // Logic to compress using PNG
25.            Console.WriteLine($"Compressing {fileName} using PNG
compression.");
26.        }
27.    }
28.
29.    public class GIFCompression : ICompressionStrategy
30.    {
31.        public void Compress(string fileName)
32.        {
33.          // Logic to compress using GIF
34.            Console.WriteLine($"Compressing {fileName} using GIF
compression.");
35.        }
36.    }
37.
38.    //Context
39.    public class ImageEditor
40.    {
41.        private ICompressionStrategy _compressionStrategy;
42.
43.        public ImageEditor(ICompressionStrategy compressionStrategy)
44.        {
45.            _compressionStrategy = compressionStrategy;
46.        }
47.
48.        public void SaveImage(string fileName)
49.        {
50.            _compressionStrategy.Compress(fileName);
51.        }
52.    }
53.
54.    // Testing the Strategy Design Pattern
55.    // Client Code
```

```
56.    public class Client
57.    {
58.        public static void Main()
59.        {
60.            string imageName = "sampleImage";
61.
62.            // Save image using JPEG Compression
63.          ImageEditor editor = new ImageEditor(new JPEGCompression());
64.            editor.SaveImage(imageName);
65.
66.            // Save image using PNG Compression
67.            editor = new ImageEditor(new PNGCompression());
68.            editor.SaveImage(imageName);
69.
70.            // Save image using GIF Compression
71.            editor = new ImageEditor(new GIFCompression());
72.            editor.SaveImage(imageName);
73.
74.            Console.ReadKey();
75.        }
76.    }
77. }
```

A classe ImageEditor permite aos utilizadores guardar imagens, mas a estratégia de compressão exacta é abstraída. Os utilizadores podem escolher ou alternar facilmente entre métodos de compressão. Se, no futuro, for desenvolvido um novo método de compressão (como o WebP ou outro formato avançado), pode ser criada e incorporada uma nova estratégia sem modificar as estratégias existentes ou a classe principal ImageEditor. Esta conceção promove a escalabilidade e a flexibilidade.

2.5.2.3.   Exemplo em tempo real do padrão de design de estratégia em C#: Sistemas de Desconto

Vejamos o exemplo dos Sistemas de Desconto para uma plataforma de comércio eletrónico. Esta plataforma permite diferentes tipos de descontos: sazonais, de fidelização, ou descontos para eventos especiais. Vamos ver como podemos implementar o exemplo acima usando o Strategy Design Pattern em C#:

```
1. using System;
2. namespace StrategyDesignPattern
3. {
4.     //Strategy (Interface)
5.     public interface IDiscountStrategy
6.     {
```

```
7.          double ApplyDiscount(double originalPrice);
8.      }
9.
10.     //Concrete Strategies
11.     public class SeasonalDiscount : IDiscountStrategy
12.     {
13.         public double ApplyDiscount(double originalPrice)
14.         {
15.             // For this example, let's assume a 10% discount for
seasonal promotions.
16.             return originalPrice * 0.9;
17.         }
18.     }
19.
20.     public class LoyaltyDiscount : IDiscountStrategy
21.     {
22.         public double ApplyDiscount(double originalPrice)
23.         {
24.           // For loyal customers, the platform offers a 15% discount.
25.             return originalPrice * 0.85;
26.         }
27.     }
28.
29.     public class EventDiscount : IDiscountStrategy
30.     {
31.         public double ApplyDiscount(double originalPrice)
32.         {
33.             // For special events, there's a 20% discount.
34.             return originalPrice * 0.8;
35.         }
36.     }
37.
38.     //Context
39.     public class Product
40.     {
41.         public string Name { get; set; }
42.         public double Price { get; set; }
43.         private IDiscountStrategy _discountStrategy;
44.
45.         public Product(string name, double price, IDiscountStrategy
discountStrategy)
46.         {
47.             Name = name;
48.             Price = price;
49.             _discountStrategy = discountStrategy;
50.         }
51.
52.         public double GetDiscountedPrice()
53.         {
54.             return _discountStrategy.ApplyDiscount(Price);
55.         }
56.     }
57.
58.     // Testing the Strategy Design Pattern
59.     // Client Code
60.     public class Client
61.     {
```

```
62.        public static void Main()
63.        {
64.            // Product without any discount
65.            Product normalProduct = new Product("Shirt", 100, new
SeasonalDiscount());
66.            Console.WriteLine($"Price of {normalProduct.Name} after
Seasonal Discount: ${normalProduct.GetDiscountedPrice()}");
67.
68.            // Product with loyalty discount
69.            Product loyalProduct = new Product("Pants", 150, new
LoyaltyDiscount());
70.            Console.WriteLine($"Price of {loyalProduct.Name} after
Loyalty Discount: ${loyalProduct.GetDiscountedPrice()}");
71.
72.            // Product with event discount
73.            Product eventProduct = new Product("Shoes", 200, new
EventDiscount());
74.            Console.WriteLine($"Price of {eventProduct.Name} after
Event Discount: ${eventProduct.GetDiscountedPrice()}");
75.
76.            Console.ReadKey();
77.        }
78.    }
79. }
```

Neste exemplo de plataforma de comércio eletrónico, a classe Produto permite mecanismos de desconto flexíveis. Ao utilizar o Strategy Design Pattern, a plataforma pode introduzir rapidamente novos tipos de descontos no futuro, como descontos para compras em massa ou descontos por referência, sem alterar a classe principal Produto ou as estratégias de desconto existentes.

2.5.2.4. Exemplo em tempo real do padrão de design de estratégia em C#: Filtragem de texto em uma aplicação de bate-papo

Vamos considerar uma aplicação de chat em que os utilizadores podem optar por diferentes tipos de filtragem de texto: filtragem de palavrões, remoção de links ou remoção de emojis. Vamos ver como podemos implementar o exemplo acima usando o padrão de projeto Strategy em C#:

```
1. using System;
2. using System.Text.RegularExpressions;
3.
4. namespace StrategyDesignPattern
5. {
```

```
6.          //Strategy (Interface)
7.          public interface ITextFilterStrategy
8.          {
9.              string Filter(string text);
10.         }
11.
12.         //Concrete Strategies
13.         public class ProfanityFilter : ITextFilterStrategy
14.         {
15.             public string Filter(string text)
16.             {
17.                 // For simplicity, just replace a few words
18.                 return text.Replace("badword", "***").Replace("offensive",
"***");
19.             }
20.         }
21.
22.         public class LinkRemovalFilter : ITextFilterStrategy
23.         {
24.             public string Filter(string text)
25.             {
26.                 // Logic to remove hyperlinks
27.                 var regex = new Regex(@"http(s)?://([\w-]+\.)+[\w-]+(/[\w-
./?%&=]*)?");
28.                 return regex.Replace(text, "[link removed]");
29.             }
30.         }
31.
32.         public class EmojiRemovalFilter : ITextFilterStrategy
33.         {
34.             public string Filter(string text)
35.             {
36.                 // Logic to remove common emoji patterns (very simplified)
37.                 return text.Replace(":)", "").Replace(":-)",
"").Replace(":(", "");
38.             }
39.         }
40.
41.         //Context
42.         public class ChatProcessor
43.         {
44.             private ITextFilterStrategy _filterStrategy;
45.
46.             public ChatProcessor(ITextFilterStrategy filterStrategy)
47.             {
48.                 _filterStrategy = filterStrategy;
49.             }
50.
51.             public void SetFilterStrategy(ITextFilterStrategy
filterStrategy)
52.             {
53.                 _filterStrategy = filterStrategy;
54.             }
55.
56.             public string ProcessMessage(string message)
57.             {
58.                 return _filterStrategy.Filter(message);
```

```
59.         }
60.     }
61.
62.     // Testing the Strategy Design Pattern
63.     // Client Code
64.     public class Client
65.     {
66.         public static void Main()
67.         {
68.             string message = "Hey! Here is a badword in this sentence.
Visit http://example.com and enjoy :)";
69.
70.             // Process with profanity filter
71.             ChatProcessor processor = new ChatProcessor(new
ProfanityFilter());
72.             Console.WriteLine(processor.ProcessMessage(message));
73.
74.             // Switch to link removal filter
75.             processor.SetFilterStrategy(new LinkRemovalFilter());
76.             Console.WriteLine(processor.ProcessMessage(message));
77.
78.             // Switch to emoji removal filter
79.             processor.SetFilterStrategy(new EmojiRemovalFilter());
80.             Console.WriteLine(processor.ProcessMessage(message));
81.
82.             Console.ReadKey();
83.         }
84.     }
85. }
```

A classe ChatProcessor pode utilizar diferentes mecanismos de filtragem de texto com base nas definições do utilizador ou nos requisitos da plataforma neste contexto de aplicação de chat. Ao empregar o Padrão de Projeto de Estratégia, adicionar mais filtros (como conversão de markdown, destaque de sintaxe de código, etc.) no futuro é fácil sem modificar o núcleo da classe ChatProcessor ou as estratégias de filtragem existentes. Ao executar o código acima, você obterá o seguinte resultado.

2.5.2.5. Exemplo em tempo real do padrão de design de estratégia em C#: Serialização de Documentos

Vamos explorar o contexto da serialização de documentos em um aplicativo que suporta diferentes formatos de serialização, como XML, JSON e Binário. Vamos ver como podemos implementar o exemplo acima usando o padrão de projeto Strategy em C#:

```csharp
1. using System;
2. namespace StrategyDesignPattern
3. {
4.      //Strategy (Interface)
5.      public interface IDocumentSerializationStrategy
6.      {
7.          void Serialize(string document, string outputPath);
8.      }
9.
10.     //Concrete Strategies
11.     public class XmlSerialization : IDocumentSerializationStrategy
12.     {
13.         public void Serialize(string document, string outputPath)
14.         {
15.             // Logic for XML serialization (simplified for example)
16.             Console.WriteLine($"Serializing document {document} into
XML format at {outputPath}.");
17.         }
18.     }
19.
20.     public class JsonSerialization : IDocumentSerializationStrategy
21.     {
22.         public void Serialize(string document, string outputPath)
23.         {
24.             // Logic for JSON serialization
25.             Console.WriteLine($"Serializing document {document} into
JSON format at {outputPath}.");
26.         }
27.     }
28.
29.     public class BinarySerialization : IDocumentSerializationStrategy
30.     {
31.         public void Serialize(string document, string outputPath)
32.         {
33.             // Logic for Binary serialization
34.             Console.WriteLine($"Serializing document {document} into
Binary format at {outputPath}.");
35.         }
36.     }
37.
38.     //Context
39.     public class DocumentProcessor
40.     {
41.        private IDocumentSerializationStrategy _serializationStrategy;
42.
43.            public DocumentProcessor(IDocumentSerializationStrategy
serializationStrategy)
44.            {
45.                _serializationStrategy = serializationStrategy;
46.            }
47.
48.                                                    public      void
SetSerializationStrategy(IDocumentSerializationStrategy
serializationStrategy)
49.            {
```

```
50.              _serializationStrategy = serializationStrategy;
51.          }
52.
53.      public void ProcessDocument(string document, string outputPath)
54.          {
55.              _serializationStrategy.Serialize(document, outputPath);
56.          }
57.      }
58.
59.      // Testing the Strategy Design Pattern
60.      // Client Code
61.      public class Client
62.      {
63.          public static void Main()
64.          {
65.              string documentContent = "This is a sample document
content.";
66.
67.              // Serialize using XML strategy
68.              DocumentProcessor processor = new DocumentProcessor(new
XmlSerialization());
69.              processor.ProcessDocument(documentContent, "document.xml");
70.
71.              // Switch to JSON serialization
72.                              processor.SetSerializationStrategy(new
JsonSerialization());
73.                              processor.ProcessDocument(documentContent,
"document.json");
74.
75.              // Switch to Binary serialization
76.                              processor.SetSerializationStrategy(new
BinarySerialization());
77.              processor.ProcessDocument(documentContent, "document.bin");
78.
79.              Console.ReadKey();
80.          }
81.      }
82. }
```

A classe DocumentProcessor pode adotar diferentes mecanismos de serialização com base na preferência do utilizador ou nos requisitos da aplicação neste cenário de processamento de documentos. Graças ao Strategy Design Pattern, o aplicativo pode facilmente suportar novos formatos de serialização no futuro, como YAML ou Protocol Buffers, sem modificar a classe DocumentProcessor principal ou as estratégias de serialização existentes. Ao executar o código acima, você obterá a seguinte saída.

REFERÊNCIAS

PARA O CAPÍTULO II

1. Richard Helm. Design Patterns: Elementos de Software Reutilizável Orientado a Objectos / Richard Helm, John Vlissides, 1994. - 416 p.

2. Alan Shalloway. Design Patterns Explained: Uma nova perspetiva sobre o design orientado a objectos / Alan Shalloway, 2004. - 468 з.

3. Eric Freeman. Head First Design Patterns: Building Extensible and Maintainable Object-Oriented Software / Eric Freeman, Elisabeth Robson, 2021. - 669 з.

4. Vaskaran Sarcar. Java Design Patterns: A Hands-On Experience with Real-World Examples 3rd ed. Edition / Vaskaran Sarcar, 2022. - 696 P

5. Vijay Sahaya Raja. The Gang of Four Design Patterns Simplified: Todos os 23 padrões de design explicados em linguagem simples com casos de uso e código java / Vijay Sahaya Raja, 2021. - 228 p.

6. Martin Fowler. Refactoring: Melhorando o Design do Código Existente (2ª Edição) / Martin Fowler, 2018. - 448 p.

7. Joshua Kerievsky. Refactoring to Patterns / Joshua Kerievsky, 2004. - 367 c.

8. Tushar Sharma. Refactoring for Software Design Smells: Gerenciando a Dívida Técnica / Tushar Sharma, Ganesh Samarthyam, 2014. - 246 c.

9. Mark Richards. Fundamentals of Software Architecture: Uma Abordagem de engenharia. - O'Reilly Media, 2020. - 432 p.

10. Alan Dennis, Barbara Wixom, David Tegard en. Systems Analysis and Design: An Object-Oriented Approach with UML, 5ª Edição. - Wiley, 2015. - 544 p.

11. Grady Booch. Object-Oriented Analysis and Design with Applications, 3rd Edition / Grady Booch, Robert A. Maksimchuk, Michael W. Engle, Bobbi J. Young, Jim Conallen, Kelli A. Houston. - Ad)d)ison- Wesley Professional, 2007. 720 p.

12. Eric Freeman, Bert Bates, Kathy Sierra, Elisabeth Robson. Head First. Design Patterns: A Brain-Friendly Guide. - O'Reilly Media, 2004. - 694 p.

13. Erich Gamma. Design Patterns: Elements of Reusable Object- Oriented Software / Erich Gamma, Richard Helm, Ralph Johnson, John Vlissides, Grady Booch. - Addison-Wesley Professional, 1994. - 416 p.

14. Stephen D. Burd. Arquitetura de sistemas, 7ª edição. - Cengage Learning, 2015. - 656 p.

15. Eberhard Wolff. Microsserviços: Arquitetura de software flexível. - Addison Wesley Professional, 2016. - 432 p.

16. Е. Фрхмен, Е. Робсон. А cabeça primeiro. Патерни проектування. -

Харк1в.: Фабула, 2020. - 672 с.

17. Патерни проектування [Recurso eletrónico]. - 2022. - Modo de acesso ao recurso: https://refactoring.guru/uk/design-patterns.

18. https://refactoring.guru/uk/refactoring [Recurso eletrónico]. - 2022 - Modo de acesso ao recurso: https://refactoring.guru/uk/refactoring.

19. Gangs of Four (GoF) Design Patterns [Recurso eletrónico]. - 2022 - Modo de acesso ao recurso: https://www.digitalocean.com/community/tutorials/gangs-of-four-gof-padrões de design.

20. Gang of Four Design Patterns [Recurso eletrónico]. - 2022. - Modo de acesso ao recurso: https://springframework.guru/gang-of-four-design-patterns/.

21. Шаблоны проектирования "банды четырёх (GoF)" [Recurso eletrónico]. -2022 . - Modo de acesso ao recurso: https://bool.dev/blog/detail/gof-design-patterns.

22. C# Design Patterns [Recurso eletrónico]. - 2022. - Modo de acesso ao recurso: https://www.dofactory.com/net/design-patterns.

Printed by Books on Demand GmbH, Norderstedt / Germany